道なき道を歩め

未来へ貢献する心

大川隆法
Ryuho Okawa

▲2018年4月1日 HSU入学式「未来へ貢献する心」（第1章所収）

▲2019年3月17日 HSU卒業式「道なき道を歩め」（第3章所収）

▲2019年3月17日 HSU卒業式「道なき道を歩め」会場の様子

まえがき

本書はＨＳＵ（幸福の科学大学）で二〇一八年四月一日の入学式と、二〇一九年三月十七日の卒業式で、創立者の私が講演した内容が元となっている。

開学から、あっという間に四年以上が過ぎて、今では卒業生が、幸福の科学の職員になったり、各種企業《きぎょう》で働いたり、起業したり、大学院部門に進学したりしている。

幸福の科学学園高校の入学偏差値《へんさち》が「68」ぐらいなので、二つの附属高校から七割程度進学するＨＳＵも、東大、早、慶など合格してから進学する者も多い。ただ教育メソッドは独創的で、信仰心《しんこう》に満ちた学生が育っている。必ずや、日本と世界の宝となると信じている。また、未来教育の方途《ほうと》は、はっきりと示されていると思う。

二〇一九年　十一月一日

幸福《こうふく》の科学《かがく》グループ創始者兼総裁《そうししゃけんそうさい》

ＨＳＵ（ハッピー・サイエンス・ユニバーシティ）創立者《そうりつしゃ》　大川隆法《おおかわりゅうほう》

第2章

「魅力ある人」になるための指針

――「未来へ貢献する心」質疑応答――

「ハッピー・サイエンス・ユニバーシティ」入学式にて

二〇一八年四月一日

●幸福の科学大学（仮称）は2019年11月現在、設置認可申請中。

第1章

未来へ貢《こう》献《けん》する心

二〇一八年四月一日

「ハッピー・サイエンス・ユニバーシティ」入学式にて

1　未来文明の源流をつくる

四学年で千人を超《こ》える学生が集《つど》っているHSU

ハッピー・サイエンス・ユニバーシティ（HSU）の新入生のみなさん、ご入学、本当におめでとうございます。また、ご父兄《ふけい》のみなさんにも、「おめでとうございます」と同時に、「ありがとうございます」と述べなければならないと思います。

最初は私たちの心のなかで考えていたハッピー・サイエンス・ユニバーシティですが、二〇一八年度をもって、一年生から四年生まで四学年が揃《そろ》いました。千人余りの学生が集《つど》ったわけです。

何事も「はじめ」というのは非常に大事なものであるので、最初の四学年に入った人たちは、とても貴重な人材であると考えています。

二〇一〇年に幸福の科学学園中学校・高等学校の那須《なす》本校が開校したときも、中学一年生と高校一年生だけが入学して始まりました。大きな校庭で運動会等をしていると、とても心細く、「大丈夫《だいじょうぶ》だろうか」と思っていたのですが、それから八年がたち、ＨＳＵにも、とうとう四年生まで入ることになりました。まことにありがとうございます。

学生がこれ以上増えると体育館に入り切らないので、どうするかを考えなければならない時期になっていますが、まずは四学部体制（人間幸福学部・経営成功学部・未来産業学部・未来創造学部）で将来の成功のための基礎《きそ》をつくっていこうと思っています。敷地《しきち》は十万坪《つぼ》もあるので、まだまだ発展の余地がありますし、東京都内などにも増設していくことは可能でしょう。

▲千葉・長生キャンパス（2019年3月卒業式の風景）

▲未来創造・東京キャンパス

いずれにせよ、すべては、今日集まった千人を超《こ》える学生のみなさんが、最初の卒業生として、今後、成功していくかどうかにかかっていると考えています。

構想を持ち、その理念を地上に降ろして具体化する

今から三十二年ほど前の一九八六年、私は東京都杉並《すぎなみ》区の西荻窪《にしおぎくぼ》で六畳一間《ろくじょうひとま》の事務所を借りて幸福の科学を始めました。

最初の座談会（一九八六年十一月二十三日「幸福の科学発足《ほっそく》記念座談会」）は、日暮里酒販会館《にっぽりしゅはんかいかん》（現・幸福の科学　初転法輪記念館《しょてんぽうりんきねんかん》）というところで行《おこな》いました。仏教ではあまりお酒を飲んではいけないことになっているものの、お酒を売る組合の人たちがタダで貸してくださったのです。そこに九十人ほどが入って座談会をしたのが始まりです。

当初は、宗教の活動だけで本当にやっていけるかどうかが分かりませんでした。最初の六畳の事務所から出るに当たっては、「行事をしても人が来ないかもしれないから、平日は『幸福喫茶《きっさ》』という感じで喫茶店でも開いて、土曜日の夕方ごろから活動をしてはどうだろうか。日曜日ぐらいしか人は来ないだろう」と思って、小さく活動するつもりでいたわけです。

ところが、喫茶店を開業しようと準備していた人が資格を取るまでの間に、教団自体が大きくなってしまいました（笑）。喫茶店を開くときには、事務所がどんどん大きくなり、先へ進んでいったような状況《じょうきょう》だったのです。

幸福の科学学園那須本校を開くときにも、職員の幹部たちは「こんな山のなかへ来る生徒などいない」とずいぶん言っていたのですが、勇気を持って開いたところ、幸いにも全国から生徒が集まってくれました。

さらに、幸福の科学学園関西校も、那須本校の卒業生がまだ出ていないうちに開校することを決めましたし、ＨＳＵも駒《こま》を進めてきました。

そのように、世間《せけん》で考えるよりもずっと早く、いろいろなことを手がけていっているわけです。

やはり、「考え方」のほうが先にあって、それを地上に降ろしたいという気持ちがあります。何もかも揃ってから始めるというのではなく、「まずは構想があって、その理念を地上に降ろして具体化していく」という作業をしてきました。これでも最初のころは、いろいろなものがこの世的には後手後手《ごてごて》になっていたのですけれども、次第《しだい》に追いついてきて、先手先手《せんてせんて》に進められるようになってきつつあると思います。

「未来に必要となるものは何か」を考え抜《ぬ》く人材となれ

新入生のみなさんは、ＨＳＵに入ったことが自分の人生にとって、これからどのように影響《えいきょう》していくのか、期待と不安でいっぱいであることかと思います。

ただ、みなさんには、「日本でも、世界でも、現在、神がつくった学校はここしかない」ということを知ってほしいのです。「未来への発展の原点として、天上界《じょうかい》から総力を挙げて創設を要請《ようせい》されて、つくったものである」ということです。

そういう意味で、話が大きくなるかもしれませんけれども、私たちの考えは、はるかはるか遠いところまで見ています。

千人余りのみなさんには、十分に重くきこえるかもしれませんが、「未来文明の源流をつくる」という気持ちで始めていますので、どうか、そうした大きな志《こころざし》を忘れずに、学問に励《はげ》み、自己啓発《けいはつ》に励み、自分づくりをし、世の中の研究をし、さらに、「これから未来に必要となるものは何であるか」ということを考え抜《ぬ》いてほしいと思います。

私たちは、「すでにあるもの」をあるものとして受け止めて、そのなかに自分たちの人生行路を敷《し》くことだけをもってよしとは考えていません。

ＨＳＵにおいて求められている人材は、自分で道を切り拓《ひら》いていくタイプの人材です。

もちろん、既定《きてい》路線でよければ、ほかにも学校はたくさんあるので、そこへ行って、ある程度、職業が固まっているところに進んでいくのも、一つの安全な道かと思います。

しかし、みなさんは、そういう人たちであってほしくないのです。

道がないところに道を拓く。そこにこそ、志を持ち、希望を持つ人たちであってほしいのです。

それこそ、今回の人生の醍醐味《だいごみ》の一つではないでしょうか。私はそのように思います。

多くの人が歩いて、すでに踏《ふ》みしめられた広い道を歩くのは、それほど難しいことではありません。

しかしながら、人間の目では先がまだ十分に見えていないものを、自分たちの手で切り拓いていくのはたいへんなことです。

例えば、千葉県長生村《ちょうせいむら》にある十万坪の土地を最初に見たときに、「ここに大学ができる」ということを構想できるかどうかは非常に難しい問題だったと思います。

その前には、ここにショッピングモールをつくるという計画ができては潰《つぶ》れたり、老人ホームをつくろうとしては潰れたりして、大きな計画が頓挫《とんざ》しています。

そのため、長生村にＨＳＵをつくるときにも、村のほうから、「本当に来てくれるのか」という感じで何度も何度も確認されました。長生村は日本では大きな村ですが、今まで、「つくる」と言っては途中《とちゅう》で退《ひ》いていくところが多かったので、「本当に、本当ですか」と言っておられたわけです。

ただ、ＨＳＵが本当に開学したので、今、近所の人たちも、「千人余りの学生たちを中心にして、この村は、さらに大きなものに発展していく可能性があるのではないか」ということを共に考えてくれるようになってきています。それが、面白《おもしろ》いことの一つかと私は思っています。

ちなみに、ＨＳＵの敷地にはまだ数多くの茂《しげ》みがあるので、時折、猪《いのしし》や狸《たぬき》なども出てくるようです（笑）。いずれ、彼らも移動しなければならないときは来るでしょうが、それまでは共生《きょうせい》してもらえればありがたいものです。

2　従来の大学と「ＨＳＵの学部」との違《ちが》い

「未来産業学部」の使命は「日本のエジソンをつくり出すこと」

ＨＳＵの四つの学部は、それぞれ大きなミッションを持ってつくられています。前には「道」はありません。これから学習し、卒業するみなさんが道をつくっていくのです。

「未来産業学部」においては、はっきり言って、「今までにない、科学の未来をつくっていただきたい」と思っています。

将来については、まったく心配していません。

また、大学院部門に当たる「アドバンスト・コース」も設《もう》けますので、新四年生のなかには、就職しないで、さらに上に進んでいく方もいるでしょう。

「このなかで、日本のエジソンが一人、出てくれれば」と思っています。

かつてエジソンが出て、千いくつかの発明をしましたが、そのあと、GE（ゼネラル・エレクトリック）という世界最大規模の会社が出来上がっているわけです。

そうした人をつくり出していくことが使命だと考えていますので、「このあたりが『日本のシリコンバレー』になる日も、そう遠くない」と私は思っています。

僧職者《そうしょくしゃ》になるのにいちばん適したコースである「人間幸福学部」

また、「人間幸福学部」という学部は、将来、宗教を職業にして困らないような、いわゆる教学をふんだんに入れた学部です。本来は「僧職者《そうしょくしゃ》」になるのにいちばん適したコースとしてつくられていますが、そのなかの一部には、「国際コース」として、国際人材をつくる部分もつくっています。「幸福の科学の真理を中心にして、貴重な青春期に、真理に基《もと》づいた学問、あるいは、真理そのものを大学●で勉強できる」というのは、どれほどありがたいことか、みなさんはまだ分かっていないかもしれませんが、本当に本当に大切なことなのです。

日本の大学には、偏差値《へんさち》やこの世的な評価の高いところはたくさんありますが、「真理を教えてくれるところ」はありません。むしろ、その逆もけっこう入っていて、〝真理に反する〟ことを、唯物論《ゆいぶつろん》思想のなかで、〝科学〟という名で教えているところが多いのです。

そのように、「地獄《じごく》への供給源」をたくさんつくっている大学があります。こういうところは、私どもから見れば、まさしく「お金を払《はら》ったら損《そん》をするところ」ではないかと思います。

●**大学**……　幸福の科学大学（仮称）は2019年11月現在、設置認可申請中。

大学に四年間いる間に、非常にこの世的な人間になって、この世のなかでもさらに、人々がいちばん嫌《いや》な感じを持つコース、すなわち、「競争で他人《たにん》に勝って、いったんよい入り口から入れば、あとは働かずして偉《えら》くなれる」というようなコースを選んでいく人が数多くいます。

残念でなりません。そういう生き方はしたくないものです。

やはり、自分の一生で「新しい価値」を生み出して、日本と世界に「未来への発展の基盤《きばん》」をつくる人材になっていただきたいと思っています。

ベンチャー気質を持った人たちをつくる「経営成功学部」

それ以外にも、例えば、「経営成功学部」という学部もあります。

現実の経営においては、確かに、環境《かんきょう》がどんどん変化していっていますので、たくさんの会社が、できたり、潰《つぶ》れたり、また新しくなったりしています。

一説によれば、「三十年間生き延びる会社は五千社に一社」という統計も出ていますが、単に潰れるとだけ考えないほうがよいと、私は思うのです。それは、「経営環境が変化しているので、新しいものに切り替《か》えていかないと生き残れないという状況《じょうきょう》が続いているのだ」と考えるべきだと思います。

今は二〇一八年ですが、おそらくは、あと二十年以内に、現在、この世にある仕事のかなりの部分がなくなっていくでしょう。

仕事がなくなっていく原因の一つというか、主因は、ＡＩとロボット産業等の発展です。

ＡＩ、人工知能とロボットに代替《だいたい》されて、今、人間がやっている仕事の多くはなくなっていくことが予想されます。ただ、それはなくなっていくだけではなくて、「違《ちが》ったかたちのものを、またつくっていかねばならないこと」を意味しています。

今は、「大学で勉強して、そのままの技術で就職して、定年まで働いて家族を養えて、老後も安心」という未来ではなくなっているのだということです。

他のコースをとおって、つまり、他の大学等から既成《きせい》のコースをとおっていっても、就職した先の会社は、二十年以内には、最低でも三割以上は消えていると思います。

これは、「新しいベンチャー気質を持った人たちが出てこなければ生き残れない」ということを意味しているのであって、「仕事がなくなったら、次の仕事をつくっていく」ということです。

今、将棋《しょうぎ》などでは、中学生で六段までなった藤井《ふじい》（聡太《そうた》）六段が有名になっていて（注。説法《せっぽう》当時。二〇一八年五月に七段に昇格《しょうかく》した）、「藤井六段がＡＩと試合をして勝てるかどうか」といった本まで出ている時代ですが、すでに名人がＡＩに二戦二敗しているぐらいなので、厳しいでしょう。そのように、囲碁《いご》でも将棋でも、トップ棋士が人工知能に負け始めました。

そのなかでプロの棋士を目指していくというのは、十年後、二十年後に仕事があるかどうか、極《きわ》めて厳しい世界だろうと思います。

それよりは、みなさんのほうがまだ安定した職業に就《つ》ける可能性が高いと、私は思っています（笑）。すでにＡＩに負けているところだと、将来的には非常に厳しいことだと思うのです。

人工知能のメンテナンスなど、そういう仕事はあるかと思いますが、人工知能にソフトを与《あた》えるような人もだんだん減っていくはずなので、厳しいでしょう。自分で学習する人工知能、あるいは、そうしたロボットも出てきています。

工場などでも、ロボットだけで動いているところもたくさんあります。大規模なところでは、工場に一人も人がいなくてロボットしかないようなところもありますし、そういったところで、「自動車に乗って空を飛ぶ研究」も進められています。

これは夢ではなくて、今、実用化をめぐって進めているところで、アメリカでも空飛ぶ自動車はあるし、日本にだってあるのです。すでに開発はされています。ただ、空飛ぶ自動車が「一台二億円」とかいうことになると、怖《こわ》くて空が飛べないでしょう。落ちたら〝二億円〟が急になくなるので、さらなるコストダウンをし、安全性を高めないかぎりは実用化はできないわけです。

人間は、そういうところに新しい知恵《ちえ》をつくっていかなければいけません。自動車をつくっていた人たちでも、航空機をつくるという才能も入れて考えなければ、未来がつくれないところもあるわけです。

HSUの未来産業学部では、おそらく、空飛ぶ自動車より先のことを考えていると思います。「何とかして、自分がいる間にUFOを飛ばしてやろう」と思っている人はたくさんいると思うので、いずれ飛ぶだろうと私も思っています。

「さらなる経済発展を成すために何をすればよいか」を考え出す人材を

そういう意味で、「経営成功」というのは、「現状のままだったら成功を続けることは難しいかもしれないけれども、変化していく環境のなかで、どのようにイノベーションをかけながら勝つ秘訣《ひけつ》を学んでいくか」ということであって、四年の間で頭を訓練していけば、見事に生き抜《ぬ》く人たちを出していくことはできると思います。

そして、これは、この国にとっては非常に大事なことです。

一九九〇年ぐらいからもう三十年近くたちますが、日本の経済規模はほとんど発展していません。他の国は、小さいところでも三、四倍、大きいところでは百倍にもなっているようなところがありますが、これはおかしすぎるでしょう。日本のシステムが古くなっている証拠《しょうこ》です。

今、増税をかけたところで発展するわけではないことぐらい分かってはいるのですが、必要なのは、「さらなる経済発展や産業の発展を成すために何をすればよいか」ということを考え出す人をつくり出すことなのです。

先ほど述べたように、ＡＩ、ロボット系統のほうでは、進化していくところは進化していき、勝ち残ったところの周辺は少し増えていきますが、競争が激甚《げきじん》なので、淘汰《とうた》され、潰れていくところは数多く出てきます。新しい雇用《こよう》を生むところと、たくさん潰れていくところとが同時にある世界ですが、「そうした変化する環境のなかで、どのように経営技術を磨《みが》いていくか」は非常に大事なことなのです。

机上《きじょう》の空論《くうろん》ではない学問が学べる「未来創造学部」

それから、東京のほうにメインキャンパスがある「未来創造学部」には、「政治・ジャーナリズム専攻《せんこう》コース」と同時に「芸能・クリエーター部門専攻コース」もつくっております。

ここの学生は、学生でありながら、すでに仕事を始めている人がかなり多いのです。

二〇一八年四月下旬《げじゅん》には、「心に寄り添《そ》う。」（企画《きかく》 大川隆法）というドキュメンタリー映画も上映されます。これは、幸福の科学の支部・精舎《しょうじゃ》を中心としつつ、東京や大阪《おおさか》などの主要映画館に

映画「心に寄り添う。」（企画 大川隆法、2018年4月公開）

かけるものですが、未来創造学部の学生が主体になってつくった映画です。「学生がつくった映画が、全国の支部や精舎でもかかると同時に、映画館でもかかる」ということで、本当に「生きた学習」をやっているわけです。

将来、そういう方面でプロになりたいという方々が勉強しているのですが、勉強しているなかでも、実際につくらせてもくれるということです。この次の作品についてもまた考えています（「光り合う生命《いのち》──心に寄り添う。2──」（企画　大川隆法、二〇一九年八月公開））。

私のほうでは映画の構想、脚本原案等も二〇二四年までの分をすでにつくってあるのですが（説法当時）、それは、芸能コースのみなさんが巣立っていったときに、やるべき仕事がないと困ると考えたからです。すでに準備は終わっていて、み

映画「光り合う生命―心に寄り添う。2―」（企画　大川隆法、2019年8月公開）

なさんのする仕事は待っています。

ですから、学生時代に、するべき勉強をし、また、ものをつくることにも参加して、その一部になって、自分もクリエーターになっていただきたいと思います。

ＨＳＵは非常にクリエイティブな大学です。ほかのところと圧倒的《あっとう》に違うのは、本当の職業構想が目の前の現場にあるというところです。これを知っていただきたいと思います。

また、政治・ジャーナリズム専攻コースの方も同様です。幸福の科学グループには、「幸福実現党」や「ＨＳ政経塾」などもあって、現実に活動していますので、「現実に活動しているなかにおいて勉強できる」という意味において、机上《きじょう》の空《くう》論《ろん》でない、現実の問題として学問を考えることができるようになると思うのです。

これは素晴《すば》らしいことだと考えています。

3 「創造的人間」や「天才」をつくる教育

「創造的な人間」になるために必要なこととは

みなさんに本当に身につけてほしいことは、もちろん「創造的な人間になっていくこと」でありますが、創造的な人間になっていくために大事なことは何かというと、やはり、「知的好奇心《こうきしん》を燃やしていくこと」です。「知的好奇心を持っていること」がいちばん大事です。

知的好奇心を持っていれば、磁石《じしゃく》のように、いろいろなものを引きつけるようになってきます。みなさんの関心がだんだん広がっていって、それが勉強したり、経験したりすることにつながっていきます。

そして、それがどうなるかというと、「アイデア」に変わるわけです。たくさんのアイデアに変わっていきます。

そのたくさんのアイデアが、みなさんの今後の実際の仕事をつくっていく、あるいは、それを成し遂《と》げていく推進力になっていくと思うのです。

幸福の科学の例を挙げても、最初の三、四年、宗教としてのかたちをつくるまでの間に、私のほうから出したアイデアは、おそらく一万を超《こ》えていると思います。それが、普通《ふつう》に仕事のなかに入っていくと分からなくなるのですが、出したアイデアは一万を超えています。

その後、幸福の科学グループをつくっていくに当たって出したアイデアは、もっと多いので、いったいいくら使ったかは分かりません。

そのように、事業をつくっていく、あるいは、企業《きぎょう》をつくっていくには、「アイデアの塊《かたまり》」にならなければいけないので、常に関心を持ち、勉強をし続けて、そして、発信していける人間にならなければいけません。
そのへんが非常に大事なところです。

ＨＳＵは日本で唯一《ゆいいつ》、天才を許容できる学校

もし、「ただ授業を聴《き》き、ノートを取り、期末試験のときに要約したものをそのとおり答案に書き、それで卒業できればよい」というだけであれば、ほかの大学に行ったほうがよいでしょう。多くのところでは〝死んだ学問〟を教えているので、それでもよければどうぞ行ってください。

世間《せけん》には、二十年も前から変わらずに同じ講義ノートを読んでいる先生はたくさんいます。そして、自分が定年退官するときに初めて、その講義ノートを本として出版するわけです。二十年も前から内容が変わらないものを教えているとこ

ろはたくさんあります。残念ながら、「教える側」のほうが知的に進歩していないと思うのです。

しかし、HSUにおいては、そういうことは許されません。「教える側」も進歩しなければならないし、「教わる側」も先輩《せんぱい》たちをどんどん乗り越《こ》えていかなければならないと考えています。その点について、普通のところとは違《ちが》うということをよく知ってください。

HSU生のなかにはいろいろな才能や学力を持った人が大勢います。そういう校風になじめる人もなじめない人もいるでしょうが、ある意味では、天才を許容できる大学は、日本の高等教育でここしかありません。ほかは秀才《しゅうさい》までしか入れない学校ばかりでしょう。

そのように、HSUは天才が出る可能性のある学校としてつくられています。これは上限が無限だからです。いくらでも構わないのです。そうしたことを考えています。

4 「ゼロからつくりあげる力」を持て

さまざまに広がるＨＳＵ生の進路

もちろん、ＨＳＵは新設校であるため、社会的にはまだ十分に認知されていないところもあり、卒業後の進路等に心配を持っている学生や保護者の方もいると思います。

四月から新四年生になる人たちは、公式には、三年生の三月一日から企業訪問《きぎょうほう》等をしてもよいことになってはいます。ところが、その時点では、就職希望者のうち内定が出ている人は、すでに七十パーセントぐらいはいますし、他の人も順次埋《う》まっていくでしょう。

また、幸福の科学の信者が経営している真理企業《しんりきぎょう》からは三百人近くの人員要望が来ているのですが、まだそのすべてを満たすことはできない状況《じょうきょう》なので、そちらの採用面接等は続いていると思います（説法《せっぽう》当時）。

そして、幸福の科学の本体については、二〇一八年三月の時点で、第一期として「三十九人採用したい」とあがってきたので、これは総裁決裁をしました。こちらのほうも、これからまだ採用は続いていきます（説法当時）。

ちなみに、第一期で決めた三十九人は全員ＨＳＵ生です。他大学からはまだ一名も内定が出ていません（説法当時）。しかしこれから先は、ＨＳＵ生 vs. 他大学の幸福の科学信者等の激戦が始まるでしょう（注。二〇一九年卒業生の幸福の科学職員内定者数は最終的に六十六名となった。就職内定率の詳細《しょうさい》については百三ページ参照）。

この〝第一ラウンド〟では、ＨＳＵ側が推薦《すいせん》したい人材、この人を採らなかったらおかしいと思われるような人はある程度採らなければいけないので決めたわけですが、これからは激戦になると思います。

他大学の人たちが幸福の科学職員として入局するのは、そうとう難しいでしょう。〝就職偏差値《へんさち》〟でいくと、おそらく七十は超《こ》えるぐらいの難しさがあるのではないでしょうか。

進路選択《せんたく》で考えるべき自分自身の適性

何と言っても、このＨＳＵ生の圧力感には、すごいものがあります。特に幸福の科学学園の卒業生からＨＳＵ生になった人たちは強者揃《つわものぞろ》いなので、圧倒《あっとう》されるような人が多いのです。

幸福の科学の本体のほうでは、今、ＨＳＵ在学中に、ある程度はっきりと頭角《とうかく》を現していきているため、内定を出さざるをえないように見える人を、まず三十九人ほど決めました。

もちろん、真理企業に就職してほしい人もいるので、当会としてもその兼《か》ね合いを見ながら決めることになるでしょう。真理企業には、「今の会社を大きくし、幸福の科学を支えるような大会社になっていきたい」と志《こころざ》しているところが多く、そちらへの人材も供給しなければ、教団としての未来の安定もないわけです。

ですから、自分がどちらに向いているかを見極《みきわ》めてほしいと思います。

ただ、真理企業と幸福の科学の両方で内定を出して取り合うようなことはあまりしたくないので、できるだけ住み分けを上手にしていきたいと考えています。

幸福の科学本体のほうは六十人から八十人ぐらい内定を検討していますし、幸福の科学グループとしての内定枠《わく》もあるので、根気よく頑張《がんば》れる人はチャレンジしてください。

ちなみに、今の採用はけっこう早いほうで、昔は、幸福の科学に出家《しゅっけ》した先《せん》輩《ぱい》方に内定を出すのは、大学四年生の十一月以降からだったのです。

その当時の幸福の科学の人事局は、就職活動が終わって「どこの会社の内定を取ってきたかを見てから面接を始める」というスタイルを取っていたので、「これでは〝殿様商売《とのさま》〟になっているから、ちょっとやりすぎだ。どうしても欲《ほ》しい人には早めに内定を出しなさい」と、私のほうからクレームを入れました。

ほかのところも当てにしているような人を途中《とちゅう》から引き抜《ぬ》くのは、やはり申し訳ないところがあります。会社によってはすでに研修が始まっているような時期からゆっくりと面接をし、最終的にいちばんよい人だけを採用するなどという、殿様商売をしてはいけないでしょう。

そのようなわけで、現在は、欲しい人には早めに内定を出すように言っています。

出家《しゅっけ》希望者に求められる強い熱意

今、幸福の科学の人事局は、三月までに最低でも五回以上は面接をしているとのことなので、かなり慎重《しんちょう》にやっています。

ただ、一つだけ知っておいてほしいのは、幸福の科学は宗教であり、普通《ふつう》の企業とは同じでないということです。ですから、「入りたい」と言ったとしても、まずは押《お》し返されます。原則としてはそうなっているので、勘違《かんちが》いしないようにしてください。

これは、押し返しても押し返しても、それでも「来たい」と言うかどうかを見ているわけです。「あなたは要《い》りません」と言われたら、「ああ、そうですか。じゃあ、さようなら」と言うようであれば、そこまでの人です。「そうはおっしゃっても、やはり、私を採らないと困るのではないでしょうか」と押し込《こ》んでくるような人材でなければ要らないということです。

仏教においては基本的にそういうところがあります。例えば、禅宗《ぜんしゅう》などでは、入門しに来ても、すぐに「こんにちは。はいはい、名前を書いてください。はい、入っていいですよ」というようなことはありません。入れてくれないのです。玄《げん》関先《かんさき》で三日三晩立ち尽《つ》くすとか、場合によっては、一週間ぐらい軒先《のきさき》で粘《ねば》り続けるなどして、初めて入れてもらえ、やっと面接してもらえるようなところもあるのです。

宗教というのはそういう面があるので、出家《しゅっけ》しようとする人はみな試《ため》されているということを知ってください。これを乗り越《こ》えなければ、その先にはいきません。

私が言うと手の内を明かすことになるのでよくないとは思いますが、基本的に全員を落とすぐらいの気持ちで面接をしているので、それほど簡単ではないと思ってください。

幸福の科学が欲《ほ》しい「強い」人材とは

ただ、最後は「意志」と「情熱の力」があれば乗り越えられるものです。

ＨＳＵ生は、幸福の科学で自《みずか》ら教育した人たちですから、いちばん欲しい人材になるようにできているとは思うのですが、最後は、やはり、「熱意」「挑戦《ちょうせん》する力」「勇気」「根性《こんじょう》」といったものを見せてほしいのです。

入局後、二十二歳《さい》や二十三歳ぐらいで、五十歳、六十歳、七十歳、八十歳、百歳の人を教えなければいけない立場になるのですから、そういう精神力がないのであれば、簡単に入門を許してはいけないわけです。それだけの精神的なタフさを持っているかどうかが見られています。

もちろん、在学中に勉強した内容や資格なども形式的には見ていますが、必ずしも成績の順に採っているのではなく、「求道心《ぐどうしん》があるかどうか」「耐《た》えられるかどうか」ということを見ています。やはり、宗教であるので、万一《まんいつ》、迫害《はくがい》や弾圧《だんあつ》を受けても、歯を食いしばって頑張れるぐらいの人材が欲しいのです。場合によっては、「ライオンに食べさせると言ってもいいですか」というようなことが問われるかもしれません。

現代では、昔のキリスト教徒のように、コロッセウムでライオンと戦わされ、食べられるようなところまではいかないでしょうし、魔女《まじょ》裁判で火あぶりになるようなところまでもいかないとは思います。

それでも、さまざまな逆風や反対に遭《あ》うこともあるかもしれません。そうしたものを乗り越えていけるような人材が欲しいのです。たとえ、初めてのところに一人でポンと送られたり、不案内な海外に行かされたりしても、自分で開拓《かいたく》して信者をつくっていけるような人材が欲しいわけです。そういう強い人が欲しいのです。

宗教法人としてはそういうことを考えています。

また、真理企業のほうに適性があると思う人は、どうか、そちらで頑張ってみてください。今はまだ大企業になっていないところもありますが、「自分がいる間に、これから一代で大企業にしてみせる。もっと高収益の会社にしてみせる」というような意欲を持った人に入ってほしいと思っています。

「勉強」と「就職活動」等をとおして自分自身を知り、未来への道を拓《ひら》け

ＨＳＵの学部生は、「大学院」としての位置づけであるアドバンスト・コース

に行く人や海外に留学する人、また、すでにタレント活動等をしている人など、いろいろな人がいますので、全員が就職を目標にしているわけではありません。また、なかには、社会人であるにもかかわらず、学生に紛《まぎ》れ込んでいる人もけっこういて、職業を持ちながら、さらに勉強がしたくて来ている場合もあるので、就職する必要のない人もいます。

いずれにしても、全員同じにはなりませんが、望めば就職先は必ず決まるはずです。（幸福の科学の伝道師として）海外において一人で伝道し、広げ、信者をつくり、支部を建てることができるぐらいの人であれば、何も恐《おそ》れる必要はないでしょう。

とにかく、「すでにあるものを利用して、自分が生きやすく生きる」というような考え方ではなく、「自分自身が〝未来への種〟となり、茎《くき》を伸《の》ばし、葉を伸ばし、花を咲《さ》かせ、将来のための力になりたい」と思うような人材を育てたいと思っていますので、どうか、ゼロからつくりあげる力を在学中に養い、見事に将来を大きくしてほしいと思います。

そして、幸福の科学の支部もたくさん開いていきたいと考えているので、どうか、どこかに派遣《はけん》すれば数多くの信者をつくり、支部精舎《しょうじゃ》を建てることができるような人材になってください。それは、真理企業などへ行っても同じことであり、その人が行けば会社が大きくなるということに当たるでしょう。

そのように、ＨＳＵ生は、今、いろいろなところへ行き、「自分とは何者か」ということを試されていると思います。

どうか、そういう在学中の勉強と就職活動等をとおし、自分自身を知り、未来への道を拓《ひら》いていってください。

第2章

「魅《み》力《りょく》ある人」になるための指針

――「未来へ貢献《こうけん》する心」質疑応答――

二〇一八年四月一日
「ハッピー・サイエンス・ユニバーシティ」入学式にて

1　トレンドをつくり出すために必要なこと

Q1

私は、幸福の科学学園関西校出身で、ハッピー・サイエンス・ユニバーシティ（HSU）の芸能・クリエーター部門専攻《せんこう》コースに入っています。

幸福の科学が発信するものが、すべてトレンドとなるようにする役目が、芸能界へ進出する、芸能・クリエーター部門専攻コースの使命の一つであると、私は考えております。

そこで、〝トレンディエンジェル〟になるために、在学中だけでなく、社会に出たときにもやるべきこと、日ごろ心掛《こころが》けておくことなど、ご教示いただければ幸いです。

グループ内で二つの芸能プロダクションを本格始動した理由

大川隆法 これは新しく始めている試みではあるのですが、すでに、幸福の科学グループのなかにもプロダクションを二つ持っていますし、今後、さらに増やそうとしています。

というのも、「マスコミがどのように判断するかで、政治や経済、文化的なものなど、いろいろなものが影響《えいきょう》を受ける」ということは分かっていたのですが、どうやら、その基礎《きそ》には、さまざまなプロダクションというものがたくさんあり、そこから人を派遣《はけん》して、番組や映画やドラマといったものがいろいろと成り立っているらしいということが分かってき始めたからです。そのため、今は、ここから押《お》さえないといけないのだと考えて、活動しています。

ＨＳＵでは、「政治・ジャーナリズム専攻コース」と「芸能・クリエーター部門専攻コース」を同じ学部（未来創造学部）に入れています。今までは、これらは別のものだと思っていたのですが、実は、両方ともマスコミの影響をそうとう受けて動くものであるので、元は同じと考えています。

したがって、情報の取り方、そこからの知恵《ちえ》の汲《く》み取り方、さらに、それを表現者としてどう伝えるか、言葉で伝えるか、あるいは映像で伝えるか、かたちはいろいろあるでしょうが、ここが非常に大事なところなのだと思うのです。これも価値の創造の部分でしょう。

ですから、とうとう「マスコミ改革」だけにとどまらず、芸能界も含《ふく》めて、日本を動かしている力のところに今、食い込《こ》もうとし始めています。

ＨＳＵの新四年生等（説法《せっぽう》当時）を見ても、当会のプロダクションに内定している人もいれば、それ以外のところに入り込んでいる人もわりあいいるので、いろいろなところで活躍《かつやく》しているようです。そのなかには、みなさんもすでにご存じの人もいますし、まだ幸福の科学の信者だとは知られていないような人で、テレビやドラマ、映画等で活躍している人もいます。例えば、ＳＮＳのフォロワー数が何百万もあるような人も、信者ではいるのです。

ただ、一般《いっぱん》的な活動をいろいろするに当たっては、信仰行為《しんこうこうい》をズバッと押《お》し込めないところもあるでしょうから、そういうことを一つのトレンドに変えていく努力をしなければいけません。そのためにも、そういった人たちが数多く出てくることが大事でしょう。

将来的には、情報だけではなくて、もう一段、芸術性や真理性をふんだんに取り込んだものを発信し、この世の中に広げていけるようになりたいと思います。テレビ等で流れているものを観《み》ても、内容的には観るに値《あたい》しないレベルのものが多いし、映画でも、賞をたくさん取ったりする作品であっても、残念ながら、

「これは地獄《じごく》かな」と思うものもあるのです。

確かに、地獄的なものでも、役に立つこともあります。「『こういうふうになれば、あなたも地獄に行くよ』ということを教えてくれる」という意味では役に立つので、そうしたところもやや考えなければいけないかなとは思いつつも、もう一方では、羅針盤《らしんばん》になるべきものも見せなければいけません。

これから幸福の科学が製作する映画としては、実写などでも、私が基本構想をつくったものがそうとう出てきます。そうしたものをとおして、「幸福の科学はこういうものをつくっていこうとしているんだな」ということを見てもらいたいのです。そして、そういうものをつくるなかに入る人もいれば、入らないでほかのところで活躍する人もいるでしょうが、影響は受けてほしいと思っています。

今の世の中は、神仏が完全に肯定《こうてい》した価値観では動いていない

また、これは、芸能・クリエーター部門専攻コースに限らず、全体に言えることですが、大事なことは、「今のこの世の中は、必ずしも、神仏が完全に肯定《こうてい》したような価値観では動いていないということを知るべきだ」ということです。言葉を換《か》えれば、「間違《まちが》った価値観に基《もと》づく教育や仕事がなされており、そうした人生観を持って死んでいく人や、あるいは科学者や哲学者《てつがくしゃ》等もたくさんいる」ということです。

別に、そういう人たちを敵視するつもりはありません。ただ、「その人たちが持っている信念や価値観に対して、もっと強い信念や価値観でもってチャレンジし、世の中の主流を変えていきたい。そういう強い思いを持ってやっていきた

い」と思っているのです。

アカデミー賞などを取るものでも、多少は天国的なものもありますが、八割ぐらいは地獄的なものであり、そういうもののほうが演技も評価されて、面白《おもしろ》いということで賞をもらったりもしています。ただ、霊的《れいてき》に見るとやや気の毒なところはあるので、もう少し「本物とは何か」ということを教えなければいけないでしょう。

ですから、みなさんには、仏法真理《ぶっぽうしんり》を勉強しながら、自分が進もうと思う先にあるものが、いったい何をやっているかを見て、「こういうところを変えていかなければいけないのだな」「こういうものを打ち込んでいかなければいけないのだな」ということを考えていただきたいのです。また、教団を大きくすることで、芸能部門をバックアップする力も強めていきたいと考えています。

幸福の科学独自の発信ができていなかったときは、いろいろなところに所属している信者も数多くいました。

某《ぼう》プロダクションに所属していた信者などは、渋谷《しぶや》精舎《しょうじゃ》に入っていくところを、近くを走っている電車のプラットホームから、別の宗教の幹部をしているプロダクション系の人に見られたことがありました。「あいつ、幸福の科学の渋谷精舎に入っていったぞ！」と見つけられてしまい、「おまえ、幸福の科学の信者か？」と訊《き》かれたので、「そうだ」と答えたところ、「それだったら困る。知らなかった」ということで、その後、別のプロダクションに移って活動しているようです。

あるいは、すでに何十年も芸能界で活動していて、一生懸命《いっしょうけんめい》に面白いことをやっているのだけれども、ときどき、「北朝鮮《きたちょうせん》はけしからん」などと情報発信したりしては炎上《えんじょう》するという人もいたりするので、まだ本格的には活動できないでいるのではないでしょうか。

ただ、もう少ししたら、トレンドとしては、「幸福の科学から芸能やクリエーター部門にたくさん人材が出ている」ということが、世界のなかでも当然のこととして受け止められるような状態にしていきたいと思っています。

数々の賞を受賞している幸福の科学の映画

幸福の科学が製作する映画は、最初のころはアニメが多かったのですが、アニメであっても、最近の作品だと、「神秘の法」と「UFO学園の秘密」（共に製作総指揮・原案 大川隆法、それぞれ二〇一二年・二〇一五年公開）の二つは、アメリカのアカデミー賞（長編アニメーション部門）の審査《しんさ》対象作品として選ばれています。ですから、けっこうなところまで行っているのです（注。その後、「宇宙の法―黎明《れいめい》編―」〔製作総指揮・原案 大川隆法、二〇一八年十月公開〕が

幸福の科学の映画作品と受賞歴

1994年　「ノストラダムス戦慄の啓示」（実写）

●1995年朝日ベストテン映画祭　読者賞　グランプリ

1997年　「ヘルメス―愛は風の如く」（アニメ）

●毎日映画コンクール　日本映画ファン賞　第2位

2000年　「太陽の法」（アニメ）

●2001年朝日ベストテン映画祭　読者賞　第１位

●第25回報知映画賞 読者投票ベスト10 作品部門（邦画）第１位

2003年　「黄金の法」（アニメ）

2006年　「永遠の法」（アニメ）

2009年　「仏陀再誕」（アニメ）

2012年　「ファイナル・ジャッジメント」（実写）

「神秘の法」（アニメ）

●第46回・ヒューストン国際映画祭「スペシャル・ジュリー・アワード」受賞

2015年　●第85回アカデミー賞　長編アニメーション部門　審査対象作品

2016年　「UFO学園の秘密」（アニメ）

2017年　「天使に“アイム・ファイン”」（実写）

2018年　「君のまなざし」（実写）

「さらば青春、されど青春。」（実写）

「心に寄り添う。」（実写）

「宇宙の法 ―黎明編―」（アニメ）

●フランスのニース国際映画祭 アニメーション部門の最高賞である「最優秀アニメーション賞（Best Animated Film Award）」受賞。

●イギリスのロンドン国際映画賞 外国語長編アニメーション部門の最高賞である「最優秀長編アニメーション賞（Best International Animation Feature Film Award）」受賞など、アメリカ・イギリス・フランス・インドの4カ国にて、5つの映画賞を受賞。

2019年　「僕の彼女は魔法使い」（実写）

「光り合う生命。― 心に寄り添う。2 ―」（実写）

「世界から希望が消えたなら。」（実写）

●マドリード国際映画祭2019外国語映画部門最優秀賞など、海外6カ国の映画祭で合計24の賞を受賞。

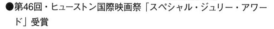

第九十一回アカデミー賞審査対象作品に選ばれた）。「ＵＦＯ学園の秘密」が選ばれたときも、日本の作品で審査対象に残ったのは三つだけでした。レベル的には、すでにそのくらいのところまで行っているわけです。

それから、その前に公開されたアニメ映画「神秘の法」も、審査対象に残りましたが、こちらはヒューストン国際映画祭で最高賞を獲得《かくとく》しました。

ちなみに、申し訳ないことに、そのときのトロフィーは私のところに置いてあります。〝トロフィーの支部巡錫《じゅんしゃく》〟なるものをやろうかとも考えていたのですけれども、「途中《とちゅう》でなくなる恐れがあるので、支部に回すなら、レプリカをつくって、それを回してほしい」と言ったところ、「それだとたいへんなので、もう、総裁のところで預かってください」と言われてしまったため、私が持っているわけです。

いずれにせよ、トロフィーはきちんと頂きました。これは、数千作品のなかから一つとして選ばれたものです。

それから、映画「ノストラダムス戦慄《せんりつ》の啓示《けいじ》」や「太陽の法」（共に製作総指揮 大川隆法、それぞれ一九九四年・二〇〇〇年公開）、その他は、朝日ベストテン映画祭や報知映画賞の読者賞、中央青少年団体連絡協議会推薦《すいせん》などを受賞しており、初期のころから、いろいろな賞を頂いてはいます。これから、もっともっと広げていくつもりです。

また、ＨＳＵにおいて講師をしている人のなかにも、日本アカデミー賞の会員の人がいるときいているので、レベルはそうとう高いのではないでしょうか（最近では、映画「世界から希望が消えたなら。」が六カ国で二十四の賞を受賞している）。

最後は、「中身を持っているかどうか」が勝負

まあ、あなた（質問者）自身が、すでに、〝トレンディエンジェル〟となって飛んでいきそうな感じが出ているので、私としては、個人的指導は要《い》らないのではないかと思います。そのまま伸《の》ばしていって、差別化といいますか、ほかとの違《ちが》いを何か出していってください。そうしたら、きっと、よいものができると思います。

テレビのトーク番組などもたくさんありますが、内容的にはくだらないものが多いです。やはり、最後は、「中身を持っているかどうか」が勝負だと思うのです。

それから、映画やドラマに出るのでも、若いうちは顔がきれいだとか、そうい

うことで十分人気は取れるのですが、やはり、三十歳《さい》を過ぎると中身の問題になってきます。「中身があるかどうか」で、「いろいろな役ができるかどうか」ということが出るので、幸福の科学学園やＨＳＵで勉強したことというのは、将来的に、必ず実りを生むものだと思っています。

とりあえず、方向性を見失わずに、自分の個性を最大限に発揮して、それも自分自身のためだけでなく、「自分自身が全力を尽《つ》くすことが、世の中の一部を必ず照らすのだ」という気持ちでやっていれば、間違いはないでしょう。

あなたはあなたで才能があります。大丈夫《だいじょうぶ》です。もう十分、ほかの人とは違います。

2 「感化力のある人」になるためには

Q2

私は、約一年半前に幸福の科学に入会させていただいた一世会員です。私自身、八歳《さい》から十二年間、鬱病《うつびょう》だったのですが、信仰《しんこう》に出合うことで、その鬱病から立ち直ることができました。まことにありがとうございます。

質問ですが、大川隆法総裁は、ハッピー・サイエンス・ユニバーシティの入学式での「未知なるものへの挑戦《ちょうせん》」という法話《ほうわ》（二〇一六年四月五日）のなかで、「百人伝道できたら、総合本部の門を叩《たた》きなさい」とおっしゃってくださいました。

『未知なるものへの挑戦』（HSU出版会刊）

自分自身、救われた命だからこそ、さまざまな生きづらさや悩《なや》み、苦しみなどを抱《かか》えている多くの人たちに、もっと幸福の科学の教えを届けて幸せにしたいと思っています。

そうした幸福の科学の救世運動を進めるなかで、信仰告白したり、幸福の科学が製作した映画へのお誘《さそ》いや書籍《しょせき》を献本《けんぽん》したりするのは、やりやすいと考えています。しかし、そこから、幸福の科学への入会や三帰《さんき》誓願《せいがん》には、なかなかお導きすることができません。

そこで、そのあたりにつきまして、どのように導かせていただけばよいのか、ご教授を賜《たまわ》れれば幸いです。よろしくお願いいたします。

人生には苦難・困難はあるが、人間には「隠《かく》された力」がある

大川隆法　それは、宗教としての「伝道力」の問題であると思います。伝道力というのは、基本的には、「人間としての力」そのものなのです。

したがって、宗教の伝道をして人を導き、入会させられる力がある人であれば、おそらく、ほかの仕事は何をやっても大丈夫《だいじょうぶ》でしょう。できるはずです。

どのような企業《きぎょう》や学校等であっても、そういった人は求められています。例えば、百人伝道できるような人が学校の先生になったら、感化力はけっこうあると思います。そうした先生には、生徒たちの心、魂《たましい》にグイグイ入っていって、人を変えていく力がきっとあるはずです。

もちろん、今後、いろいろと試行錯誤《しこうさくご》を経験するようなことはあるでしょう。

この世においては、試行錯誤をたくさんして、失敗したり成功したり、鬱になったり躁《そう》になったり、いろいろすると思います。

しかし、普通《ふつう》、苦難や困難がない人生というのはありえません。そうしたことは、ほかの人にも大なり小なりあって、そのなかで仕事をしているわけです。

例えば、最近の当会の布教誌《ふきょうし》等にも載《の》っていたと思いますが、足の指が壊死《えし》して、腐《くさ》って取れてしまい、医者からは、「もう、足を切断するしかない」とか言われていたような人の足の指がまた〝生《は》えてきた〟という、〝トカゲのようなこと〟が起きています。

そのように、以前から私が言っていたとおりのことが起きたケースが出てきているわけですが、もともと、人間にはそういう力がないわけではありません（『心と体のほんとうの関係。』『超・絶対健康法』〔共に幸福の科学出版刊〕参照）。

ところが、みながみな、「もう、そんなことは人間には起きない」と思っているのです。「トカゲの尻尾《しっぽ》は生えてくるし、ほかの動物にも再生するものはある」ということは分かっているにもかかわらず、「人間は高等動物だから、そんなことはない」と思っているわけです。

しかし、「高等動物だからない」というのはおかしくて、本当は、高等動物だからこそ、そういう機能がないとおかしいのです。

例えば、「半分に割ったら小さな細胞分裂《さいぼうぶんれつ》を起こして二匹《ひき》に分かれ、尾《お》っぽのほうからは頭が生えてきて、頭のほうからは尾っぽが生えてくる」というような生物はいます。

それを、「どこまで分割《ぶんかつ》していけるのだろう」と思ってやってみたら、「十六分割しても元の姿が再現する」ということが、どうも生物学のほうでは分かっているらしいということが書かれていました。

本当は、人間には、そういう隠《かく》された力がまだあるのです。

人の心を貫《つらぬ》くような魅力《みりょく》を持った、「感化力」のある人となれ

なお、あなたの言っていることは、「伝道」という言葉で言えば、宗教オンリーになりますが、もう少し一般《いっぱん》化して言えば、要するに、「感化力」ということになるでしょう。「どのような人が感化力があるか」ということになると思います。

それを一言《ひとこと》で言い表すのは難しいのですが、まずは「魅力《みりょく》のある人間」にならなければいけません。人は、魅力のある人間のところには集まってくるのです。

特に、先ほど述べたような芸能界的なものであれば、例えば、コマーシャルなどは十五秒とか三十秒ぐらいのものですから、その間に映ったもので売上を増やさなければいけません。売上が増えなければ契約《けいやく》を打ち切られてしまいます。し

たがって、瞬間的《しゅんかん》に、人の心をズバッとつかまえる力が要《い》るわけです。

そのように、人の心を瞬間的にズバッとつかまえるために、実は、常日頃の長い修練が必要なのです。要するに、いろいろな種類の人間がたくさんいたとしても、すべての人の心を貫《つらぬ》くような魅力の光を発信しなければいけないわけです。

苦難・困難を乗り越《こ》え、「肚《はら》の据《す》わった人物」となれ

ちなみに、そういう人というのは、わりに単調な日々を送ってきた人ではありません。いろいろな苦しみや困難を乗り越《こ》えてきた人ほど、そのような人になれるのです。

幸福の科学の学生部長などをやっているような人でも、みなさん、家庭的にはいろいろと苦労をなされたりしています。

例えば、きょうだいの問題や家族の問題があったり、自分自身が追い詰《つ》められたりして苦しかったという人や、不登校になったり、いじめられたり、自殺したくなったり、家のなかがうまくいかなくなったりしたという人はたくさんいるのです。

そのようなことを乗り越えてきた人が、けっこう、リーダーをやっています。結局、そうした苦難・困難を乗り越えてきた人というのは、磁石《じしゃく》のようなもので、一種の強さがあるのです。

その意味で、「簡単に反論できるタイプの人」と「簡単に反論できないタイプの人」とがいるのです。簡単に反論できない人というのは、肚《はら》が据《す》わっていて、言葉に「重み」があるわけです。やはり、それが大事なことだと思います。

今、みなさんはスーツやネクタイをしているために、世間《せけん》に出たら普通の人と変わらないかもしれません。しかし、普通の若者たちと相対峙《あいたいじ》したときには、一時間とは言わないものの、五分、十分話したら、その違《ちが》いがはっきりと見えるようでなければ駄目《だめ》なのです。

もう、ずいぶん昔になりますが、幸福の科学が出て宗教ブームが起きた一九九〇年代に、「幸福の科学の学生・青年部の人」と「他宗教の学生・青年部の人」とが議論する番組がありました。

そのとき、当会の学生の〝刀〟のあまりの斬《き》れ味に、ほかの宗教の学生部の人は、〝首〟がコロンコロン落ちていくので、参《まい》ってしまっていました。当会の学生が「そんな幼稚《ようち》なところで止まっているの？」という感じでパサパサパサッと斬っていくので、まったく話にならないのです。

そのように、あまりにも勝ち負けがはっきり見えすぎるため、その後、その番組はテレビ局のほうがなくしたようではありますが、当たり前のことだと私は思っています。

結局、何だかんだ言いながら、「人間的な力」「自分自身を救う力」が「他人《たにん》を救う力」にまで大きくなっていかなければ、人を揺《ゆ》り動かし、世の中を変えることはできないのです。

したがって、人生には浮《う》き沈《しず》みはありますが、「『今、自分の人生は最低だ』と思うようなところで何ができるか。何にトライできるか」ということを考えていただきたいし、「最低の自分であっても、ほかから見たら最高の仕事ができている」という自分であってほしいと思います。

もちろん、最高のあなたであれば、さらに最高の仕事ができなくてはいけないでしょう。

今、求められる「最高の伝道力を持つ人」とは

今、必要な人とは、どのような人でしょうか。人材はたくさんいるし、置かれる場所やかたちは違うかもしれません。

しかし、美人は美人で、声のよい人は声のよい人で、外見がかっこいい人はかっこいい人で、頭のよい人は頭のよい人で、英語ができる人はできる人で構いません。あるいは、サッカーができる人でも、歌が歌える人でも構わないのです。いずれにせよ、何か才能がある人は、何でもよいので一線を突破《とっぱ》して、人々をあっと言わせてください。「この人は魅力があるなあ」と思わせ、一瞬にして心をつかんで引っ張っていける人になってもらいたいのです。そして、「実は、ついてきたら、まだまだよいことがあるよ」と言えるような人になってもらいたい

わけです。

人と話をする場合、短い時間のときと長い時間のときと両方ありますが、一期一会《いちごいちえ》なので、一度見たら忘れられないような人間になってください。話してみたら、「あの人は忘れられないな」と思うような人はいるはずです。私にも、三十年前、四十年前に会った人で、忘れられないような人はいます。したがって、あなた自身がそのような人になることです。

結局、「最高の伝道力を持つ」というのは、「一回会ったら忘れられない人間になる」ことなのです。

それは、芸能界で言えば、テレビや映画館のスクリーンに映っている姿を一回観《み》たら、もうファンにならざるをえない人間になることです。そうした吸引力《きゅういんりょく》・吸着力を持った人間になれば、どんどん世の中を変えていけます。

ましてや、あなた方幸福の科学の信者には、信仰心に基《もと》づく「神仏の力」が加わっているので、それが本当にオーラとして降りてきて、体から光を放っていたら、多くの人たちが惹《ひ》きつけられます。

まだ地上界も、地獄《じごく》に完全に支配されているわけではありません。そうした光を感じたい人はたくさんいます。そのような人は、光を感じたら、必ず関心を持ちます。寄ってきます。そして、その人に必要な「一転語《いってんご》」を与《あた》えることです。それが道を拓《ひら》くことになるでしょう。

真心があれば〝百人伝道〟は簡単にできる

〝百人伝道〟など簡単です。私は、いったい、何人伝道したと思っているのですか（会場笑）。ものすごい数です。私は世界中で伝道しています。私の話を聴《き》いた人は、推定で五億人から十億人はいるのです。これは、そうとうな数です。

さらに言えば、海外を含《ふく》め、私が製作総指揮をした映画を観た人は、まだそういるはずです（注。実写映画「世界から希望が消えたなら。」〔製作総指揮・原案 大川隆法、二〇一九年十月公開〕などを含め、十八作の劇場用映画を製作総指揮・企画《きかく》している）。

私は、まだまだやり続けます。もう、〝地球全部〟をやり尽《つ》くすつもりです。そのため、私は巡錫《じゅんしゃく》を始めた当初から、伝道するに当たっては、「南極のペンギンにも伝道するつもりで行け！」というように言っています。

もちろん、「大川先生、ペンギンに言葉が分かるでしょうか」と言う人はいるでしょう。しかし、「言葉は分からなくても熱意は通じる。やれ！」と言うつもりです。

映画「世界から希望が消えたなら。」（製作総指揮・原案 大川隆法、2019年10月18日公開）

そのように、〝ペンギンに伝道するぐらいの気持ち〟があれば、人間など簡単なものです。「英語が通じない」と言うかもしれませんが、下手《へた》な英語でも伝道はできます。あなたの真心があれば、単語のぶつ切れででも挑戦すればよいのです。言いたいことを銃弾のごとく、ババババッと発信すれば、「分かった。分かった。言いたいことは分かった」と受け入れてくれるはずです。

人というのは、思いのほか、他の人間の気持ちや考えていることが分かるものです。ましてや、その人がどのような人格・人物であるかということは、ものすごくよく分かるのです。これは、社会人になるにつれて、もっとはっきり分かってきます。

いずれにせよ、「自分づくりが、同時に、他人を救済する力になる」というのが幸福の科学の基本的な教育の方針です。

必ず、やれます。百人など簡単です。それをやらずにいるのは「易《やす》きにつく心」がある場合だと私は思います。みなさん、教団を大きくして就職先を自分でつくってください。頑張《がんば》っていきましょう。

3 霊天上界《れいてんじょうかい》からインスピレーションを受けるには

Q3

私は今年（二〇一八年）から未来産業学部の一年生になります。HSUでは霊界《れいかい》科学を中心に頑張《がんば》っていき、自分の夢の一つである霊界通信機をつくって、「霊界は本当にあるのだ」ということを科学的に証明したいと思います。

未来産業学部の学生全員に当てはまると思うのですが、「霊天上界《れいてんじょうかい》からのインスピレーション」が非常に大事になってくると思います。ただ、「〝地獄《じごく》界の勢力〟からの間違《まちが》ったインスピレーション」も来ると思います。

そこで、「霊天上界からのインスピレーション」と「〝下の勢力〟からの間違ったインスピレーション」の見分け方のポイントを教えていただければ幸いです。

唯物論《ゆいぶつろん》の科学者たちは「伝道のしにくい人たち」

大川隆法　今から百年以上前に、ハクスリー（一八二五〜一八九五。イギリスの生物学者）という科学者がいました。

その人が十九世紀後半に書いたものを見たら、当時の科学は今の新宗教のような扱《あつか》いを受けており、科学者たちは非常に少ない勢力でしかなく、異端《いたん》として迫害《はくがい》を受け、人々から信じてもらえなかったようです。科学者は、異端を火あぶりにする魔女《まじょ》裁判にかけられているようなものだったのです。

ところが、二十世紀になると、あっという間《ま》に進化論などが広がり、マルクス（一八一八〜一八八三。ドイツの思想家）の唯物論《ゆいぶつろん》と相《あい》まって、今度は、その「迫害されている」と言われた人たちのほうが主流になってきています。

そして、「頭がよい」と言われる医学部に入った人たちは、「魂《たましい》なんかない」と思っているので、解剖《かいぼう》をしても何も怖《こわ》くなく平気でいます。自分の研究室に骸《がい》骨《こつ》を数多く並べ、眺《なが》めていても、何も感じなくて平気な人がたくさんいるのです。

「だからこそ医者ができる」ということもあるので、それを否定はしにくいのですが、頭のよい人たちは、医学など「科学」のほうに進んでいき、確かに「伝道のしにくい人たち」を形成していると思います。それは、その人たちの未来の仕事は、だいたい「物」を扱うことが中心だからです。

しかし、それを超《こ》えなくてはいけない面もあると思うのです。

霊界《れいかい》にある原理を、機械を媒介《ばいかい》として、この世で実現する

実際、世の中は変わってきており、二十一世紀以降は新しい時代に入ってきたように見えます。

携帯《けいたい》電話、スマホといった通信機器など、いろいろなものができてきていますが、これは、実際には、霊界《れいかい》にある原理を、機械を媒介《ばいかい》としてこの世で実現しようとしているだけのことなのです。

私自身は〝人間スマホ〟のようなものなのでたいへんです（会場笑）。

今日（二〇一八年四月一日）は、新入生などが大勢来るので、昨日《さくじつ》の夜中から今日の明け方まで、大勢の人が想念を送ってくるのです。機械を持っていなくても送ってくるので、私は「これをどうしようか」と考えることになります。

いろいろな人の想念が来て、常時、それを受けているため、私は「できるだけ多くの人たちに通じるような話をしなくてはいけない」と思い、そのような話をしているわけです。

「科学は、あの世と分離《ぶんり》しており、別のものだ」と思っているかもしれませんが、現実には、霊界の原理を、機械を媒介として、この世で実現していることが多いのです。

毎日、努力を続けると、インスピレーションは降りてくる

基本的には、エジソン型の発想を持ち、「インスピレーションは必ず天上界《てんじょうかい》から降りてきているものであり、それは努力すれば受けやすくなるものだ」ということを知っていただきたいと思います。

あとは、エジソン的な考えや数学者の岡潔《おかきよし》（一九〇一〜一九七八。数学者）先生的な考え方で、「科学者であっても、悟《さと》りを得れば、科学の悟り（のインスピレーション）は降りてくる」ということを信じていただきたいのです。そう思って精神統一の訓練をしていれば、だんだん、インスピレーションを受けられるようになると思います。

もちろん、一日中座《すわ》っているだけでは、科学や未来産業の部門で仕事が進むはずはありません。やるべきことを毎日きちんとやり遂《と》げながら、毎日毎日を大事にしている人にこそ、インスピレーションは降りてくるのです。

理科系の人がやるべき学問修業をしながら、しかし、それに完全に染《そ》まり切るのではなく、「科学における悟りとは何か」ということを考え続けていたら、自然自然にインスピレーションは降りてくると思います。

映画「心に寄り添《そ》う。」の主題歌は、観《み》る人の心を浄化《じょうか》する

私は音楽を本格的にやったことはない人間ですが、今、幸福の科学の映画の基本的な音楽は私がつくっています。そして、これは、ほぼ全部、インスピレーションによるものです。

天上界には、音楽をやれる人が大勢います。〝地上の機械〟の性能は少しだけ悪いのですが、いちおう天上界からインスピレーションを受け取り、そのあと、地上的に努力をし、曲として完成させています（注。二〇一九年十月時点で、映画の主題歌・挿入歌《そうにゅうか》など、作詞・作曲を手がけた曲は百曲を超える）。

先ほど法話《ほうわ》（第1章「未来に貢献《こうけん》する心」）のなかでも言いましたが、ドキュメンタリー映画「心に寄り添《そ》う。」が四月下旬《げじゅん》から支部や精舎《しょうじゃ》で先行公開されます。

希島凛《きじまりん》（アリ・プロダクション所属タレント）さんがメインレポーターを務《つと》め、ＨＳＵの未来創造学部の三年生たちが中心になって、障害者や不登校者、いじめを受けた方などを取材しながら、〝ドラマ〟をつくっています。

その映画の最後に、「心に寄り添う。」という主題歌を入れています。キリスト教会の人がきいたら、おそらく〝ずっこける〟だろうと思うのですが、その主題歌の歌詞と曲はイエス・キリストからもらったものなのです。

こういうものがその映画のなかにサッと入れてあるわけですが、それ自体にバイブレーションがそうとう入っているので、観《み》る人たちの心を浄化《じょうか》する力があると思います。

「洞察力《どうさつりょく》」がなければ時代に取り残される

私でさえ、最近は、そのように「アーティスト」として出てくるぐらいなので、ましてや、科学をまっとうに勉強した人が、同時に宗教的悟りを求めたら、きっと、それらが融合《ゆうごう》して異質なものが生まれるでしょう。

科学を勉強している人たちが、「今まで『自分たちは進んでいる』と思っていたが、まだ〝未来〟はあったのか」と思うようなものを、つくれるようになると思います。

先ほど法話のなかで言ったように、未来においては、これから二十年ぐらいで、仕事がそうとう大きく変わってくるので、「洞察力《どうさつりょく》」がなかったら、研究しているうちに時代に取り残されていくことがあります。したがって、「洞察力」はものすごく大事だと思います。

「十年後はどうなっているか。二十年後はどうなっているか。三十年後はどうなっているか。五十年後は？」と常に考える頭を持っていなければいけません。「これから必要とされるもの」について、いち早く着想し、それを研究していくことが大事なのです。

「一目《いちもく》も二目《にもく》も置かれるような人間」となれ

「信じない人たちを、どうやって信じさせるか」ということですが、まずは、あなたが「ビッグ」になることです。「一目《いちもく》も二目《にもく》も置かれるような人間」になることです。

あなたが、「相手に会って伝道したけれども、断られて逃《に》げられた」ということなるのではなく、相手があなたに対して、「会いたいけれども、会えないなあ」と思うぐらい、どんどん、どんどん、進んでいくことです。

東大の教授をしている人に私の元同級生がいますが、今、彼らは、私について、「昔は友達だったんだけど、今は、会いたくても会えないんだよなあ。向こうが偉《えら》くなりすぎて」と言っているので、私は、内心、「それ見たことか」と思っています。

「大学の先生になったら偉くなれる」と思って既定《きてい》路線を歩んだ人と、パイオニアとして自分で道を拓《ひら》いた人とでは、四十年後に立場が違《ちが》ってくるのは当たり前のことです。

珍《めずら》しい、付加価値の高い道を拓き、周りから教えを乞《こ》われる人間、「どうして、そういうアイデアが湧《わ》いたのですか」「どうして、そういうことをお考えになったのですか」というようなことを訊《き》かれるような人間になっていただきたいと思います。

それはあなたの努力の範囲《はんい》内だと思います。ぜひとも頑張ってください。

第3章

道なき道を歩め

二〇一九年三月十七日
「ハッピー・サイエンス・ユニバーシティ」卒業式にて

1　卒業後に分かってくるHSUの「すごさ」

HSUは「大学をちょっと超《こ》えているレベル」

みなさん、おめでとうございます。

今日は、HSU（ハッピー・サイエンス・ユニバーシティ）が、四年制の学校として開学からちょうど満四年がたち、初めての卒業生を出すことになりました。短期特進課程の場合は、もうすでに卒業した方もいらっしゃいますが、当初の構想どおり、本格的に四年間勉強して卒業する方が、約二百五十名出たとのことです。

HSUは、「大学」と言っていいのかどうかは分かりませんが、「大学をちょっと超《こ》えているレベルの〝大学〟」です。その本学としては、最初の本格的な卒業式ということになります。

みなさんが、四年前（二〇一五年）に入学を決断したときに、どんな気持ちでおられたかは推測するしかありませんが、私のほうも、二、三日、みなさんに判断を待たせてしまったことを申し訳ないと思っております。

当時は、文部科学省がいろいろな問題を起こす前の段階でしたが、その後、たくさん問題が噴出《ふんしゅつ》してきました。

文科省は、「ああいうお仕事」で、「ああいうご判断」をなされたわけですが、私としては、自分の心に問うて、幸福の科学グループがつくった幸福の科学学園およびＨＳＵの内容と未来を考え、「この大学は日本に必要か、世界に必要か」を考えた末、「やはり、これは必要である」という判断をしました。「たとえ、役所が何と言おうとも、国が何と言おうとも、必要なものは必要である。この国の未来にとって必要であり、世界にとって必要であるならば、やるしかない」ということで、開学に踏《ふ》み切りました（注。二〇一四年、文科省に「幸福の科学大学」の設置認可申請《しんせい》を行《おこな》ったが、同年十月、文科省は大学設置を不認可とした。その後、学校法人幸福の科学学園は、二〇一九年十月二十五日に大学設置の再申請を行っている）。

みなさんは、そうとう勇気が要《い》っただろうと思いますが、多数の方が入学してくださって、四学年が揃《そろ》いました。とてもうれしく思います。

みなさんにとって、この四年間がどうであったか、幸福であったか、あるいは厳しかったか、苦しかったか、それは人それぞれでありましょう。今日の話の前半部分では、やや光明《こうみょう》思想的なことを言い、後半は少し厳しめに言おうかなと思っています。

▲2019年3月17日 卒業式の様子（講堂 兼 体育館）

▲卒業式終了後の様子

日本に一つしかない「天才養成」の大学

まず、前半部分の話ですが、「みなさんが最初に入ってこられて、大学のかたちができてきて、そして後輩が入ってきて、今度は、就職する方々が出てくる」ということは、とてもうれしいことです。私たちが判断したことが、「教育ができて、卒業生を出し、そして就職もできる」ということになるならば、別に何も怖いものはない状態であると思います（注。外部企業《きぎょう》を含《ふく》む新卒就職内定率は九十九パーセント〔うち大卒扱《あつか》い九十七パーセント、学歴種別なし二パーセント〕となった）。

今回、一期生が卒業して抜《ぬ》けるわけですが、もうすぐ次の学年が入ってこようとしています。

2019卒生　卒業後の進路について

2019卒生
就職内定率
99%

うち**大卒扱い**
97%
学歴種別なし
2%

（2019年3月時点、頭数）

就職内定者の内訳

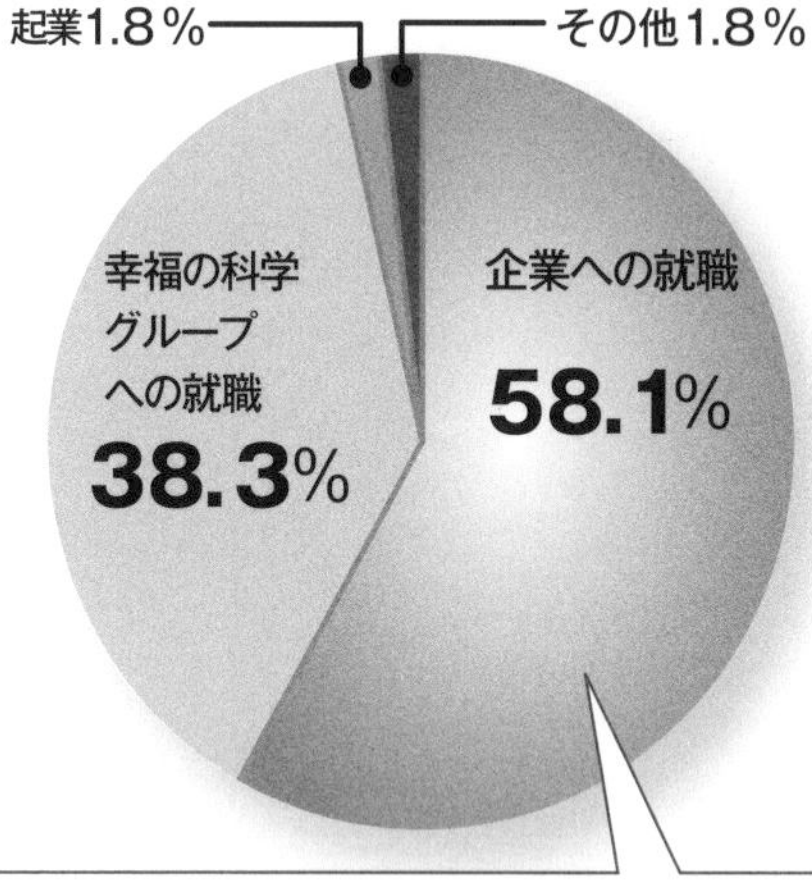

【企業への就職：主な業種について】

IT産業、アパレル業、建築業、技術職、小売業、メーカー、物流業、レジャー産業、教育、国家公務員（一般職大卒程度枠）など多様な業種に就職が決まった。 ※芸能事務所への所属などや留学・進学する学生は就職内定者から除外。

今朝《けさ》、きいた話では、今年（二〇一九年）、幸福の科学学園那須《なす》本校（栃木《とちぎ》県那須町）から、東大に三人が受かったということでした。それぞれ、文Ⅰ、文Ⅲ、理Ⅱに受かり、そのうち文系の二人はHSUに入ってこられるとのことです。

今、実際に、東大も定員を少し水増ししているようです。以前はしなかったのですが、今は水増ししていて、合格者のうち一定の数が抜けることを予定し始めているのです。東大のほうで、「HSUって、これは何だ？」と言っているような感じはします。

「何だ？」と言われても、表側からは言えないので裏側から言うと、はっきり言えば、「密《ひそ》かに天才養成を考えている大学」です。それは、日本では一つしかありません。

別の角度から言えば、もちろん、「仏法真理《ぶっぽうしんり》に則《のっと》った、神仏が許可した唯一《ゆいいつ》の大学」です。

そういう意味で、幸福の科学の僧職者《そうしょくしゃ》になる方々がメインストリームではありますが、それ以外のところに出ていく方々にとっても、卒業してから困ることがないように、さまざまな「深い教養」や、「修養」に至るレベルまで教えてあります。それから、実際に実社会で戦っていく上で必要な武器は与《あた》えてきていると思います。

ＨＳＵの本当のすごさは、あとになるほど分かってくる

ＨＳＵの本当のすごさが分かるのは、卒業したあとです。これからあと、みなさんは、だんだん、ほかの人たちとは受けた教育が違《ちが》うことが分かってきます。本当にその内容が分かってくると、日本のほかの大学や、あるいは海外の大学で教えていることが、もうボロボロに見えるほど、気の毒なぐらい、みすぼらしい

カリキュラムでやっていることが分かるはずです。みなさんは、かなり違う教育を受けているのです。

それが分かるのには、少し時間がかかるでしょうが、だんだん明確になってくるだろうと思います。

みなさんの勇気と決断に、教職員の方々の情熱が加わって四年間が過ぎてきたわけですが、宗教というのは、もともと国一つをつくれるぐらいの力はあるものです。だから、私たちは、自分たちが「正しい」と信じるものについては、断固《だんこ》、妥協《だきょう》せずにやり続けていきたいと思います。

成果は、まだまだ、出始めたばかりのところではありますが、さまざまな方面において、目覚ましい結果が出つつあります。

幸福の科学学園でもそうであったように、みなさん自身が、「HSUとは何であるか」ということを定義づける仕事をされているのではないかと考えます。

ＨＳＵには優秀《ゆうしゅう》な人も非常に多いので、入ってから劣等《れっとう》感に苦しんでいる人もいるのではないかと思います。しかしそれは、世の中に出てから、また、もう一回よく見直してみてください。たまたま近くにいる人たちが優秀すぎるからそう見えているだけで、世間一般《せけんいっぱん》から見れば、そうではありません。みなさんが「普《ふ》通《つう》だ」と思っているものが普通ではなく、「普通以下だ」と思っているものも普通以下ではなくて、もっと違ったところで、変わった才能を数多く開花させているはずです。

それは、あとになるほど効いてきます。特に効き目があるのは四十歳《さい》以降であり、それ以降は、もっともっと効き目が出てきます。

〝幼稚園《ようちえん》レベル〟に見える米アイビーリーグの授業内容

その部分は、今の日本の大学制度では教えることができていない部分なのです。昔の旧制高校、あるいは帝国《ていこく》大学等があったときには、もう一段の人生教養、修養に当たる部分も入ってはいたのですが、今は、そういう文化はなくなって、技術・情報レベルでの学問がかなり教えられています。

ＨＳＵでは、その古い部分のよいところも入れ、さらに、最先端《さいせんたん》のいちばんよいところを凌駕《りょうが》するような内容まで、幅広《はばひろ》く入れているつもりです。

ときどき、アメリカの東海岸のトップレベルの学校などの人気授業が公開されて、本になって出たり、テレビで放送されたりすることもあります。アイビーリーグといわれる、アメリカでも憧《あこが》れの一流大学などで、「幸福とは何か」とか、

「死とは何か」とか、そのようなことを教えている授業の内容がテレビなどで放送されたり、本になったりしています。

しかし、私たちから見たら、それは本当に〝幼稚園《ようちえん》レベル〟の教えです。こんな内容を教わって、採点され、優秀か優秀でないかを判断されているというのは、もう、本当に気の毒でしかたがない感じがします。

アメリカの有名大学よりレベルが高い「ＨＳＵ生の英語力」

教えている内容においてもそうですが、語学教育においても同様です。一年ぐらい途中《とちゅう》で抜けて、海外の大学で語学を勉強して帰ってくる方もいるのですが、「ＨＳＵのほうがレベルが高かった」と言う方がけっこういます。そうだろうと思います。

今、述べたアイビーリーグには、アメリカ東海岸のハーバード大学だとか、コロンビア大学だとか、イェール大学だとか、有名な大学がいくつかありますが、そのあたりの卒業生では、実は、「ウォールストリート・ジャーナル」や「フィナンシャル・タイムズ」などを自由自在に読みこなすことはできません。そのレベルまでは、まだ行っていないのです。

ところが、幸福の科学の『黒帯英語』シリーズ（宗教法人幸福の科学刊）には、そのような内容がバンバン入っています。もっとも、先生方が、「もし教えられたら」という前提はあります。そう期待したいとは思っていますが、もし教えられていたら、向こうの卒業生よりもレベルが上になっているはずなのです。

これは、実社会で、経済、その他の仕事をやってから読んで、初めて分かってくる内容なのです。そういうものを入れてあるので、難しいのは当然です。

したがって、例えば、英語の学力はものすごく高くても、実務的なほう、実業のほうでの英語をやっていない人には、やはり難しいわけです。当会の職員の場合でも、文学部系の英語であればすごく高い実績を出すような人でも、『黒帯英語』の試験などでビジネス系の英語を出されると、たちまち、「一点」とか「二点」とかいう点数で、ちょっと信じられないような結果が出てきたりすることもあります。

はっきり言えば、言っている内容が難しいのです。それが分かるのに、時間が少しかかります。日本語での勉強およびそれ以外の職業経験で、そのへんをマスターしてこなければ、言っていることが分からないわけです。

また、宗教的な内容については、一般の学校で勉強して一般の会社に就職した方にとっては、日本語で読もうが英語で読もうがチンプンカンプンの部分はけっこうあるだろうと思います。

このあたりは、みなさんの「密かな潜在力《せんざいりょく》」として流れているものではないかと思います。

2　どの方面でも期待されるHSU卒業生

HSUが〝よい木〟かどうかは〝果実〟を見せること

そういう意味で、四年間で、いちおう当初のカリキュラムを、役所からの介《かい》入《にゅう》を受けることなく、計画したとおりに実践《じっせん》しましたので、あとは、みなさんが、今後どのように社会的に活躍《かつやく》されていくかです。

結局、「果実を見なければ、その木がよい木かどうかは分からない」という考え方どおり、みなさんの〝果実〟を、これから見せていただかなければならないと思っています。そしておそらく、素晴《すば》らしい結果を出すのではないかと思っています。

きくところによると、卒業生二百五十人ぐらいのなかで、（二〇一九年度入局の）当会の職員に内定している方が六十六名ぐらいとのことであるので、けっこう厳しいかなという感じはしています。

百四十数名ぐらいがエントリーし、職員への希望を出して、今のところ、最終的に六十六名ぐらい内定しているとのことですが、これでも内定枠《わく》をかなり広げたのです。「やはり、HSUの卒業生を入れないことには教育の効果が測定できないので、多めに入れるように」ということで、HSUから六十六名を職員に採りました。そのため、HSU以外の全国の学校から職員に入れる人は、十名いるかいないかぐらいになり、四、五県に一人ぐらいしか入れていない状況《じょうきょう》なので、こちらもまた超難関《ちょうなんかん》になってしまいました。まことに申し訳ないことではありますが、「せっかく、当会の教学を入れて教育した人たちがいるのに、今までどおりに、ほかからたくさんは採れない」ということで、ちょっと「就職戦線異変あり」というかたちになっています。

そういう人たちも、今、ＨＳＵの人たちがどのくらいできるのかを想像して、燃えているところだろうと思います。

「期待」と「恐《おそ》れ」が半々の幸福の科学の先輩《せんぱい》職員

ＨＳＵからの就職先としていちばん多いのは、幸福の科学の職員ですが、職員の先輩《せんぱい》方はどう思っているかというと、彼らは、若干《じゃっかん》、複雑な状況なのです。

彼らの半分ぐらいは、「ＨＳＵから優秀《ゆうしゅう》な方々が押《お》し寄せてきて、教団が発展し、グイグイと進んでいくのではないか」という期待を持っていますが、あとの半分は、「〝天狗《てんぐ》〟集団が入ってくるのではないか」という恐《おそ》れを持っているようです。

言うことをきかない天狗のような人たちが、ニョキニョキ、ニョキニョキとたくさん出てきて、「『あっ、それは、もう勉強が終わっていますので』という感じで、言うことをきいてくれず、独走するのではないか」という恐れが半分あるわけです。

これが半々で拮抗《きっこう》している状況ですが、みなさんが入ってきてから一年ぐらいあとには、だいたい感想として出てくるだろうと思います。

まあ、最初の一年は、とにかく、何をやっても難しいものです。

真理企業《しんりきぎょう》では、大企業をつくる醍醐味《だいごみ》を味わえる

それ以外には、幸福の科学に関係のある真理企業《しんりきぎょう》に就職された方も数多くいます。もちろん、未来産業学部などで、大学院に相当するアドバンスト・コース

に入った人も一部いますが、真理企業に入るみなさんも、どうか喜んでください。

当会の真理企業は、おそらく、今、一代目の社長をしている方がつくられた企業が多いだろうと思います。一九九〇年代、幸福の科学がガーッと広がっているころに創業した企業が多いので、まだ一代目の社長が経営している企業が多いと思われます。すでに大きくなって上場しているところもありますが、これから大きくなっていく企業が多いのです。

したがって、世間《せけん》的にはまだ名前が十分に知られていない企業もありますが、だいたい、一代、三十年あれば、ゼロから始めて大企業をつくれるのです。うまく軌道《きどう》に乗せたら、三十年で大企業はつくれます。

今、みなさんが入った企業が、たとえ、小さなところであったとしても、三十年、みなさんがいる間に、それを大企業に変えることは可能です。

その醍醐味《だいごみ》は、めったに味わえるものではありません。「小さなものから、中規模にし、大規模にしていく。あるいは、世界レベルに広げていく」というのは、一生の間に経験できるかといえば、そう簡単に経験できることではないのです。

“水陸両用《すいりくりょうよう》”で“お買い得《どく》”なHSU生

有名大学などを卒業すると、たいていは、名の知れた百年企業のようなところに入りたがるのですが、入って十年たっても、「うちの会社は何をやっているのか分からない」という人がたくさんいます。「一つの歯車になってしまい、何かだけを担当させられて十年」という人がほとんどです。

そのため、脱《だつ》サラをしても起業できないのです。何かについての専門職として十年ぐらいやっていて、「会社全体の仕事」が分からないため、起業できないわけです。

あるいは、大企業から他の企業にヘッドハンティングされたとしても、中小企業に行った場合には、うまくいかないことが多いのです。会社を大きくしてくれるものだと思われてヘッドハンティングされるのですが、そういう人は、実際は会社全体の仕組みが分かっていないために、「あれ？　こんな一流大学を出て、一流企業にいたのに、うちに呼んでみたら仕事が全然できないじゃないか」という判定が出てしまうのです。

なぜかというと、知っていることが狭《せま》く、それを深く掘《ほ》って専門的になっているだけで、それ以外のことは分からないからです。そのため、そういう人を入れても、「せっかく、優秀な人材だと思って呼んだのに、使えなくて駄目《だめ》でした」というケースが数多くあります。

ところが、ＨＳＵ生に関しては、もう本当に、〝水陸両用《すいりくりょうよう》〟になっていると思います。すでにかなり大きくなっている会社においても出世できる方法を教えていますが、これから立ちあげていく企業にとっても、まさしく「今、欲《ほ》しい人材」でしょう。

小さな会社にとっては、これから全国規模の会社をつくろうとしたら、いちばん欲しい人材は今、ＨＳＵにいるはずです。それから、今、国内企業であるところが、国際企業として海外に展開していこうとする場合も、ＨＳＵの学生が、絶対にいちばん〝お買い得《どく》〟です。間違《まちが》いなく〝お買い得〟であり、百人力《りき》だと思います。

したがって、一流大学を出て、一流会社に入っている人を採っても、役に立たないのです。すぐに、役に立たない〝粗大《そだい》ゴミ〟であることが分かることでしょう。しかし、ＨＳＵ生の場合は、おそらく、そうではないと思います。

そういう意味で、みなさんは、どの方面に進もうとも、期待をされているのです。

ＨＳＵでは「人が使える人材」「未来が見える人材」に育つ

幸福の科学の職員になる人の場合、別途《べっと》、内定者研修と入局式があり、これから少し、「絞《しぼ》りあげていく」ということをやっていきます。

今日は、それは置いておきますが、だんだん厳しくギューッと絞られるのです。ほめてもらえるのは最初だけで、まもなく「なんて出来が悪いんだ」と言われるようになります。ただ、今のところは、頑張《がんば》られたということで、ほめておきます。

一方、一般《いっぱん》企業に入る人、あるいは真理企業に入る人の場合、この学校で習ったことは、ほかの学校とは違って、そうとう実践に使えると思います。

また、「人格形成のための教養」がそうとう入っているので、管理職になる年齢、四十歳以降の出世はそうとう早いでしょう。そこから上でガーッと差がついていきます。最初のうちは、「仕事がつまらない」と思うかもしれませんが、やっているうちにだんだん面白《おもしろ》くなってくるので、そこで耐《た》えてやっていれば、みなさんは「人が使える人材」に育っていくと思います。これがいちばんのポイントです。

ＨＳＵでは帝王学《ていおうがく》をしっかり教えているので、「人が使える人材」になります。それから、「未来が見える人材」になります。さらに、就職先にはオーナー企業も多いでしょうから、社長にはなれないかもしれませんが、重役ぐらいにはなり、「参謀《さんぼう》あるいは片腕《かたうで》として、入った企業を大きなものに変えていけるだけの力がある人材」になります。

これは、力を入れて述べておきたいと思います。

真理企業を大きくすることも、真理普及《ふきゅう》の大きな力になる

当会の職員になることだけがよいわけではありません。

大黒天《だいこくてん》企業《きぎょう》、真理企業から頂いた多額のお布施《ふせ》は、一部は職員の俸給《ほうきゅう》に変換《へんかん》され、一部は学園やＨＳＵの運営に投入され、一部はさまざまな関連事業に投入され、政治活動にも国際展開にも投入されています。まだ採算が取れていない国もたくさんありますが、こういうところにも投入されていて、真理企業群がなかったら、映画一つなかなかつくれない状態です。

本当にありがたいと感謝しています。優秀な学生を送り込《こ》みますので、どうぞ存分に使って、会社を赤字ではなく黒字で大きくし、ますます貢献《こうけん》していただきたいと思います。

映画について言えば、HSUの未来創造学部の学生が映画づくりに参加し、賞ももらっていますが、普通《ふつう》、学生が映画をつくるとなると、三百万円を集めるのもたいへんです。

しかし、当会の映画は、最初から五億円、六億円、八億円を使って、つくっています。学生や、学生に毛が生《は》えたような人たちが参加してつくっているものもあるわけですが、こんなことは、普通のところではやらせてくれないでしょう。

なぜつくれるか。それは真理企業群がついているからです。そのおかげで、映画を上映する前に、すでに採算が取れているのです。まことにありがたいことです。

普通は、映画を公開したあと、収入がどうなるかでハラハラドキドキするものです。そういったなかで、当会の場合は、上映前にすでに、製作費と配給費、広告費を含《ふく》めた支出に対して、協賛金等の収入がそれ以上にあり、採算が取れています。

つまり、「上映したら、その分だけ利益になる」という状態なので、こう言ってはいけないかもしれませんが、たとえ学生がつくっても必ず成功する映画になっているのです。

実際、今まで赤字になった映画は一本もありません。本当にありがたいと思います。

したがって、そういう企業に入るみなさんは、どうか、「生半可《なまはんか》な職員になるよりも、大黒天企業、真理企業に入り、そこで〝福の神〟になると、どれほど力になるか」ということもよく考えていただきたいと思います。どちらが真理の普《ふ》及《きゅう》のために役に立つかは、分からない面があります。

それぞれ適性があるところで役に立つことが、いちばんよいと考えています。

3　新しいことは謙虚《けんきょ》に学べ

知識的に学んでも、実際に経験しないと、分からないもの

今回は、とりあえず「卒業生が出て就職する」ということがメインなので、新たに社会人になって生きていくための心掛《こころが》け、あるいは生き抜《ぬ》いていくための心掛けを、少しは述べておかねばならないと思います。

本のなかにいろいろなことがすでに書かれていますが、「実際に自分の身に降りかかってこないと、それがいったい何を言っていたのかが分からない」という人は多いでしょう。「学生時代に読んで暗記し、テストでは書けたりするけれども、実際に自分の身に降りかかってくると、分からない」ということがあります。

幸い、ＨＳＵの先生方には、幸福の科学の職員としての経験がある人も多いし、職員になる前の在家《ざいけ》時代には企業《きぎょう》で働いていて、両方経験している人もわりに多いので、教えている内容は、経験に裏づけられているものが多いと思います。

そのため、教わった内容については、みなさんが現実に仕事をしていくときに、「ああ、これは、このことなんだな」と分かることが多いでしょう。このへんは非常に優《すぐ》れています。

以前にも述べたことがありますけれども、私は学生時代、法学部で勉強しましたが、「多少、実社会の勉強もしなければいけない」と思い、商法の「会社法」や「手形・小切手法」等も勉強したことがあります。

教科書を使って勉強しましたし、判例も使って勉強しましたけれども、それを教えている先生は会社に勤めたことがないために、「会社って何だか分からない」と言っていました。これには参《まい》りました。会社法を教えている先生が「会社って何だか分からない」と言うので、もう力が抜けてしまったのです。

ですから、一年間授業を聴《き》いても、「結局、会社とは何か」ということは分かりませんでした。テキストには条文や判例など、いろいろと書いてあるのですが、授業を聴いても、「会社でいったい何をやっているか」はさっぱり分からなかったのです。

また、手形・小切手法についても、条文や判例など、いろいろと教えてもらいましたが、壇上《だんじょう》から教えてくれている先生が「私は手形も小切手も一度も見たことがない」と言うので、これにも〝ずっこけ〟ました。

二十何年と教えている先生が「手形も小切手も見たことがない」と言うのです。「それでよく教えるな」と思ったのを覚えています。「手形に裏書をして、それが輾転《てんてん》流通していく」というようなことを教えているのですが、「見たことがない」と言うのです。これには参りました。

ところが、会社に入ったところ、私は外国為替《かわせ》部に入り、外国為替をやることになったのですが、円とドルの〝上がり下がり〟だけではなく、ドキュメンテーション（文書整理）という書類づくりと共に、手形もつくることになりました。手形といっても、〝逆手形〟です。「支払《しはらい》手形」ではなく「請求《せいきゅう》手形」で、相手方に貿易代金を請求する手形もつくらなければいけなくなったのです。

当時、私は、これが学校で教わった「手形」だと分かるのに少し時間がかかりました。最初は分からなくて、しばらくしてから、「これが、もしかしてあの手形なのか」と分かったのです。

そして、入社二年目でアメリカに行ったときには、「銀行でアカウント（口座）を開いて小切手帳をもらい、小切手で決済するんだ」と教わったのですが、日本で日常的に小切手を使っている人はいないので、「一社員が小切手なんか切っていいのだろうか。財閥《ざいばつ》の人とかが切るものではないだろうか。バットマン（アメリカンコミックのヒーロー）の企業のオーナーみたいな人が小切手でホテルを買うとか、トランプ大統領が買うとかいうのなら分かるけれども、サラリーマンが切った小切手に信用があるのだろうか」と思って、最初はビクビクしました。「紙切れに私のサインをしただけでよいのでしょうか」という感じだったのです。

しかし、「現金は二十ドル以上持つな。それ以上持つと、頭を〝コツン〟とされて強盗《ごうとう》に持って逃《に》げられるから、二十ドル以上は持たずに、あとは小切手で切れ」と言われて、すごいカルチャーショックを受けたのですが、自分で実際に使ってみて、しばらくして、「ああ、これが小切手法に言う小切手なのか」ということが分かったのです。そういう状況《じょうきょう》でした。

このように、「実社会の経験がないと、頭で学んでも、実は何をやっているかが分からない」ということは、数多くあるわけです。

劣等感《れっとう》を持っても無駄《むだ》、謙虚《けんきょ》に新しく学ぼう

ＨＳＵは四学部で教えていますが、実際にいろいろな企業に入ると、ここで教えた内容とは違《ちが》う仕事もあるでしょう。その点は、謙虚《けんきょ》に新しく学ばなければいけないと思います。

最初から分かる人はいません。習っていないことで分かる人などいやしないのです。これについて劣等感《れっとう》を持っても、持つだけ無駄《むだ》なので、まずは学ぶしかありません。教えてもらうしかありません。それから、自分でいろいろなものを調べたり読んだりする以外に方法はありません。

私も恥《は》ずかしながら、昔、商社に入ったとき、みな日経新聞を読んでいたので、日経新聞を取って読んでみたのですが、半年ぐらいは分かりませんでした。この

話を何度も書いて恐縮《きょうしゅく》ですが、何が書いてあるのか分からなかったのです。抽《ちゅう》象言語《しょうげんご》ばかりで書かれているからです。

しかし、会社に来ている人はみな読んでいるのです。それを見て、「これが分かるのだろうか」と、キョトンとして不思議な感じを受けたことを覚えています。

先輩《せんぱい》から「隅《すみ》から隅まで読め。読んでいるうちに分かるようになる」と言われ、「本当かな?」と思いながら、電車に乗っている間に読み、また、それだけでは全部を読めないので昼休みに残りを読み、そうして隅から隅まで読む訓練をやりました。すると、半年ぐらいしたら、さすがに分かってき始めたのです。

新聞は、全部辞書を引きながら読むわけにもいきません。辞書を引いても出てこない言葉がたくさんあるからです。ただ、毎日、似たような記事があるので、それを読んでいるうちに、「前のときはこういう文脈で使っていた。その次はこういう文脈で使っていた。三つぐらい見てみると、これはだいたいこういう意味だな」というように分かってくるのです。

この学習方法は、実は、みなさんが赤《あか》ん坊《ぼう》から小学校低学年ぐらいの間に、言葉を覚えるときの学習方法と同じです。アニメを観《み》たりテレビを観たりして繰《く》り返し出てくる言葉を、文脈から「こういう意味だろう」と推測して覚える。このやり方と実際は同じで、「なんと、大人になっても、そういうことがあるのか」ということを知りました。

このように、「隅から隅まで読め」と言われたのですが、最初は分からないことだらけでした。

なお、会社の仕事時間中に新聞を読んでいると、今度は怒《おこ》られます。こんなことさえ教わっていないのが普《ふ》通《つう》でしょうから述べておきますが、「始業前に読み、残りの部分は昼休みとかに読み、それでも全部読めなかったら、持って帰って読む」というのならよいのです。けれども、「仕事が暇《ひま》だから」ということで仕事中に読んでいると、「おまえ、いつ重役になったんだ?」と言われるので、気をつけてください。こういうことをやる人もいるのです。

4 「働き方改革」のなかをどう生きるか

上司や先輩《せんぱい》より早く出勤していた私の新入社員時代

私が新入社員のときは、会社の公式の始業時刻は九時十五分でした。ラッシュアワーがあるので少し時間をずらして遅《おそ》く始まることになっていて、九時十五分だったわけですが、会社に行ってみると、九時十五分に来るのは、新入社員に近いあたりの女子社員ぐらいだけでした。

彼女たちがギリギリで滑《すべ》り込《こ》んでくるケースはありましたが、ほとんど全員、それより前に来ていたのです。いったいどのくらいの時刻に来ているのかは分からなかったのですが、たくさん来ていました。

私が当時住んでいた会社の寮《りょう》は、千葉県柏市《かしわ》にあって、今は「雌伏館《しふくかん》」という当会の施設になっていますが、そこで朝起きて、朝ご飯《はん》を食べ、歩いて団地の前に出て、そこから四人ぐらいで百五十円ぐらいずつ出し合ってタクシーで駅まで行き、駅から常磐線《じょうばん》に乗り、そのまま地下鉄千代田線《ちよだ》に乗り入れて赤坂《あかさか》まで行くとなると、早くて一時間二十分ぐらい、遅ければ一時間半ぐらいかかりました。

ところが、寮の朝ご飯は七時からでした。一日働かなければいけないので、どうしても食べたいわけです。そこで、七時から食べると、どんなに早く食べても十分はかかるので、七時十分ぐらいになります。それから出ていくと、会社に最速で着いて八時半なのです。

この場合、九時十五分始まりなので、四十五分早く着席していることになります。サービス残業ではなく、〝サービス早業〟をやっている感じで、「八時半に着いたから、文句《もんく》を言う人はいないだろう。給料をもらわずに四十五分も早く出ているのだから」と思ったのですが、周りを見たら、先輩方、課長、部長、役員まで全員こちらを睨《にら》んで座《すわ》っていたのです。

「いったいこれはどういうことなんだ。会社の就業規則に九時十五分始まりと書いてあるではないか」と思いました。九時十五分始まりと書いてあるのですから、八時半に来たらもう十分いいはずです。

そうして、先輩たちの冷たい視線を一カ月ぐらい浴び、何か具合が悪いらしいということで、よくよく考えてみたら、「課の男性では、私がいちばん来るのが遅いらしい」ということが分かりました。

「寮から私より早く会社に着けるはずがないのに、どうしてこんなことが起きるのだろうか」と思っていたのですが、朝、始業時刻より前に、社長が招集して会議をやったりすることがあるために、部長から上はみな八時までに来ていたのです。そして、部長以上が来るので課長も来なければいけなくなり、課長が来るのでその下の先輩たちも来ていたわけです。

ところが、当時の私は、規則で物事を考えていたので、「これは会社がおかしい。七時からでないと朝ご飯が出ない以上、絶対に八時半より早く来ることはできない。それなら、会社の規則を変え、もっと早く朝ご飯を出すように変えるべきだ」と思っていたのです。当然、そう思うでしょう。

それでも、さすがに、先輩たちの冷たい視線を一カ月ぐらい感じると、「これはおかしい」ということに気づきました。

どうも、五年先輩、十年先輩、十五年先輩あたりが鼻でせせら笑っているように見えたのです。どう見ても、「このバカが」と思っているというか、「こいつは神経がとおっていない」と思っているというか、「人が笑っているのが分かっていないのか」と思っているというか、そんな感じに見えたのです。

そこで、「何とかして早く来なければいけない」と思い、しかたなく自分でパンを買い込み、パン焼き器（トースター）で焼き、朝食を早く食べて寮を出ました。そうして会社に行ったところ、それでもすでに先輩たちは座っていました。「いったい何時に出れば、いちばん早く着くのか」ということで、やってみたところ、とうとう私がパン焼き器でパンを焼く時刻は、五時四十五分にまで早まりました。七時からご飯が出るところを、五時四十五分にパン焼き器でパンを焼く」ということにして、それでやっと追いついたのです。驚《おどろ》きでした。

「働き方改革」には〝裏の狙《ねら》い〟がある

今、安倍《あべ》首相が言っている「働き方改革」など、信じてはいけません。あのようなものを信じた人は、みな〝落ちこぼれ〟になります。あれは「表向き」なのです。

「働き方改革」は、役人、役所にはよいのです。なぜかというと、全部ではありませんが、役所のなかには、残業代がきちんとつくところがあるからです。それは主要官庁であり、そこには残業代で儲《もう》けている人が大勢いるのです。そのため、そういう人たちは早く帰したほうが、その分、税金が少なくて済み、「国家予算が減る」わけです。

役所は法律で動いているため、残業されたら残業代を出さなければいけません。ですから、早く帰ってほしいのです。「働き方改革」と言って、「早く帰れ」と言っているのは、残業代がもったいないからなのです。

私はそれを経験知で分かりました。当会の初期のころ、まだ宗教法人格を取得する前の、始まって二年目ぐらいだったでしょうか。当時、大蔵省《おおくらしょう》（現・財務省）のキャリアではなく、その下の、税務署関連の職員に当たるぐらいの人を、二人経理関係で入れたのですが、彼らの本給と年収を見て、理解がいきました。

本給が年二百五十万円ぐらいしかないのに、年収は五百六十六万円と書いてあったのです。「これは何だ。二倍以上あるではないか」と訊《き》いたら、残業代でした。残業代をつけられるわけです。「なるほど。それで遅くまでやっているのか」と分かったのです。

ただ、残業代をつけられるところと、つけられないところがあるようです。当時、防衛庁（現・防衛省）にいた友人は、「初任給は十万円で、これから毎年一万円ずつ上がっていくので、二十万円まで上がるのに十年かかる。だから、三十歳《さい》を過ぎて、やっと結婚《けっこん》可能圏内《けんない》に入る。残業代は一切《いっさい》つかない」と言っていました。

今はもしかしたら、ミサイルが飛んだら残業代がついている可能性があるので、変わっていたら許していただきたいと思いますが、そんなところもあったのです。

要は、「働き方改革」というのは、「公務員の残業代をカットしたいのだ」ということです。そこまで言う人は首相ではいませんから、そういう話は出てきませんが、裏の本音はそんなところだと考えてください。

民間企業《きぎょう》では早朝の出勤や残業は当たり前

民間は違《ちが》います。早めに行って働かなくてはいけないし、残業は当たり前です。例えば、決算期には経理部門に残業代がつくところも多いのです。

私は商社の財務部門にいたことがあります。そこもお金を扱《あつか》う部署ですが、月末の一日だけ残業代が出ました。月末だけ、六時を過ぎたら、課長がタイムカードのようなものを配ってくれて、帰るときにそれを押《お》せば、月末の一日分だけ残業代がつくわけです。

それで何千円かは給料が多くなるので、何となくうれしくなったことを覚えていますが、一日分だけしかくれなかったことも覚えています。

これが実態です。特に地方企業《きぎょう》や中小企業の場合には、大手に比べて、まだまだ財務力が弱いので、能力的に差がなければ、一時間でも多く頑張《がんば》って働かないと売上も収益もあがらないのです。「これが実質だ」ということを知っておいてください。

もし、みなさんが勤務時間内に成果をあげて、時間が余るぐらいでしたら、お勉強をなされても構わないとは思うのですが、そのへんの仕組みはよく知っておいてください。

これで勝たないと、潰《つぶ》れていく店と同じようなことが、いろいろな会社でも起き始めるのです。やはり競争は働いています。したがって、できるだけよい仕事をしなくてはいけないのです。

「受験勉強」と「デスクワーク」の違い

みなさんは毎日勉強してきているので、「デスクワークぐらい、別に、どうってことはない」と思うでしょうが、私の経験から言うと、入社して四月いっぱいぐらいは、机に向かい、椅子《いす》に座っていると、夕方の四時ぐらいには、不思議なことに腰《こし》が痛くなってきて、たまらなくなります。

受験勉強を一日に十時間や十二時間やっても、別に何ともなかったはずなので、腰が痛くなるわけはないのに、入社してデスクワークをしていると、夕方の三時や四時ぐらいから腰が痛くなってくるのです。

しかたがないので、しょっちゅうトイレに行くふりをして席を外さなくてはなりませんでした。そうでないと、運動ができないので腰が痛くなってくるのです。

学生時代には、勉強していても、退屈《たいくつ》になったら裏返ってもよかったし、座椅子に座っても引っ繰《く》り返っても何をしてもよく、勉強していても合間《あいま》には自由がありました。

しかし、会社では、他人《ひと》の目があるので、それほど簡単ではないわけです。

手取り足取り教えてくれる暇《ひま》な企業は、ほとんどない

それから、仕事の中身についてですが、「簡単に何もかも手取り足取り教えてくれるほど暇《ひま》な企業は、ほとんどない」と思ってください。それができるのは人が余剰《よじょう》しているところぐらいしかないのです。

●私の本にも書いてはおきましたけれども、次のよう

●**私の本にも……**　『帝王学《ていおうがく》の築き方』（幸福の科学出版刊）参照。

なことが言えます。

例えば、一つの課が十人でできているとします。そこに新入社員が入って十一人になっても、もし、そのなかの先輩を一人、チューター（指導役）で新入社員につけたら、今まで十人でやっていたのに一人減ってしまいます。まだ働きがない人（新入社員）がいて、その人に人手を取られ、課の採算は悪くなります。簡単に言うと、そういうことになるのです。

予算は上から割り当てていき、「部でいくら」とか「課でいくら」とか年間予算があり、人数分の経費がかかるのですが、新人を教育中の働かない人がいて、さらに、新人は、「給料は食うけれども、何も生産物を生まない」という状況《じょうきょう》なので、収入を生まない人が二人ぐらいいることになります。

これは、けっこう痛手《いたで》です。ほかの人がそれをカバーしなくてはいけなくなるからです。

ここのところは新入の人には分からないことが多いのです。

したがって、飲み込みが悪いと当然怒《おこ》られますし、何度もミスをしても怒られます。先輩の時間を奪《うば》うからです。

そして、「何もかも教えてもらうのは甘《あま》い。新聞を読むなり、本を読むなり、月刊雑誌を読むなりして勉強しろ」と言われるようになってきます。このへんの自助努力は当然、必要です。

仕事がきつい上に、新規にいろいろと勉強しなくてはいけなかったり、資格を取らなくてはいけなくなったりすることもあります。この勉強時間を取ることにもたいへんな努力が要《い》ります。

そういうことで、入社して三年ぐらいは、個人的に見れば、会社の側から見ると赤字です。どんなに優秀《ゆうしゅう》な方を入れても、やはり赤字なのです。「即戦力《そくせんりょく》」と口では言うけれども、実質上、赤字になります。

そういう意味で、「入社して三年ぐらいは迷惑《めいわく》をかけている」と思ってくださ い。三年を過ぎたら、だいたい採算が取れるようになってくるのです。

ですから、三年目ぐらいまでは、誰《だれ》であれ、「『自分はよくできている』と思っても、実際には、お慈悲《じひ》の賜物《たまもの》でできているように見えているだけである」ということを、よく知っておいてください。

「人間、耳は二つ、口は一つ」と心得《こころえ》よ

そういうときに思い出してほしいのは、「人間、耳は二つ、口は一つ」ということです。

HSUでは、しっかり発表して、ディベートをしたり、意見を言ったりする訓練をしていると思います。やや「アメリカンなやり方」です。これは、当然の常

識、仕事の常識や知識を持っている人にとってはよいことですけれども、中身が空《から》っぽの人がワアワア言っても、邪魔《じゃま》なだけなのです。

新人のころにはこの厳しさが分からないので、最初は、「二倍聴《き》いて、半分話す」ぐらいのつもりでいなくては駄目《だめ》です。

自分の失敗ではなくても、言い訳をしない

それから、私自身の失敗談●としても挙げてありますが、いちいち口答えはしないようにしてください。

いろいろと言い訳をしたくなる気持ちは分かります。自分が減点されたり、「分かっていない」「能力がない」などと思われたりするので、言い訳をしたくなる気持

●私自身の……　『人格力』（幸福の科学出版刊）参照。

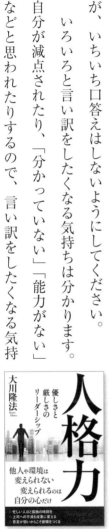

ちになるのですが、「どのくらいまで、それを受け入れて耐《た》えられるか」が、みなさんの器《うつわ》なのです。

リーダーになっていく人だったら、自分の失敗ではなく他人《ひと》の失敗であっても、「自分がそれに気をつけていれば、もしかしたら防げたかもしれない」というぐらいの気持ちを持ってください。

これも私の本に書いてありますが、私が会社に入ったときの課長は、よく、課長席に座ったまま、私のところまで来ないで、周りにきこえるように私を怒鳴《どな》りつけていました。

ほかの人の失敗まで怒られるので、「どう見てもこれは私の仕事ではないのに、なぜそれが分からないのか、この課長は」と思っていましたが、〝象徴的《しょうちょう》に〟怒られているらしいことが、だんだん分かってきました。

●私の本に……　『大人になるということ』（幸福の科学出版刊）参照。

ほかの人をあまり頭ごなしに怒ると、傷ついてへこむことがあるのですが、私の場合、いくら言われても翌日には元気になっているので、「こいつは、いくら怒っても大丈夫《だいじょうぶ》だ」と思われていたようなのです。

私は、そういう〝損《そん》な性格〟であり、困っているところや悲しんでいるところをあまり見せないことが多いので、元気そうに見えるわけです。そのため、その課長は、「まだ言い足りないか」と思い、追加して、ほかの人の失敗の分まで私に乗せてきたのです。

それで結局、どうなるかというと、ほかの人の電話や、ほかの人の机に置いてある書類、ほかの人が何の仕事をしているかなどに関心を持ち、きいていたら分かるようになります。私はそのようになってきて、一つの仕事をやっていても、課全体の仕事が、一年ぐらいで、だいたい分かるようになりました。

そのように、「怒られ損」ということもありますが、怒られて初めて、もう少し視野が広がるところもあるのです。そういうことを考えてください。

「人間関係力」を養い、チーム全体の成果をあげる

それから、毎月のように社内で人事異動がありますが、新入社員であっても、人事異動の仕方を見ていると社長の考えが分かります。トップの考えは人事を見たら分かるのです。

「誰が昇格《しょうかく》したか」「誰をどう動かしたか」ということを見ると、トップの今の考え方がだいたい分かります。あまり言うと生意気《なまいき》にはなるのですが、それを見ていたら、いちおう、「こういう方針で動いているんだな」ということがよく分かるのです。そのへんを見抜《みぬ》いてください。

とにかく、今、思い出しても、「新入社員だけは人生で二度とやりたくない」

というのが、私の正直な気持ちです（会場笑）。

みなさんは、それをやらざるをえないので、かわいそうです。ごめんなさい。でも、二回はありません。（人によっては）二回目が来ることもありますが、次に自分より下の人が入ってきます。

ＨＳＵの卒業生たちが入ってくる幸福の科学では、今、もう〝迎《むか》え撃《う》つ〟準備に入っており、「この生意気なやつに、どうやって〝千本ノック〟をしてやろうか」と思って待ってはいますが、その〝千本ノックに耐えて角《つの》を出してくる者〟がいるはずです。

「何だ、先輩は大したことがないな。俺たちのほうがよっぽど優秀ではないか」と思うかもしれませんが、そういうみなさんも、十年ぐらいたつと、同じ目に遭《あ》うことがあります。あとから来る人がもっとできる可能性は高いので、あとから来る人にやられ、「お先に」と言われたりすることになります。

そのときに、やはり、「人間ができているかどうか」ということが大きいのです。

能力的なものは、ある程度、測定できます。これについては、どこの学校でも測定はできるのですが、実際上、測定できないものは、その人の「人間力」の部分です。

簡単に言えば、仕事上で出世するも出世しないも、「人間関係力」のところがかなり大きく、三分の二ぐらいは、それにかかわっています。あとのことは、入るときの足切りというか、入社の基準などには使われますけれども、入ってからあとは、それよりも「人間関係力」とか、「チームをつくっていく力」とか、そういうものの比重が大きくなってくるのです。

したがって、成績だけが大事なのではありません。一人だけが突出《とっしゅつ》していても、ほかの人とうまくいかないとチームとして動かないので、やはり、「その人が入るとチーム全体の成果があがってくる人」のほうがいいわけです。野球型のほうが、いいことはいいのです。

これだけは覚えておいてください。優秀だからといって認められるわけではないということです。

そういう意味で、「謙虚《けんきょ》さ」が大事であるということを知っていただきたいと思います。

5　未来は無限、耐《た》え抜《ぬ》いて道を拓《ひら》け

海外にまでＨＳＵが建っているイメージを持て

最後に、もう一言《ひとこと》ぐらい言わせていただきます。

とにかく、四年制のＨＳＵの卒業生が出ます。みなさんの評判がＨＳＵの未来を決めます。

どうぞ、十年後、二十年後、三十年後に、ＨＳＵがさらに発展し、海外にまでＨＳＵが建っているイメージを考えてください。

みなさんが成功することが、そういう結果に必ずつながります。

もしかしたら、みなさんの後輩《こうはい》のころには、ＨＳＵは「幸福の科学大学」と日

本ではは呼ばれるようになっているかもしれません。ただ、おそらく海外では、やはりＨＳＵです。だから、「海外にも建つ」と信じています。

海外に建つためには、どうしたらよいでしょうか。

みなさんが幸福の科学の職員になった場合には、伝道し、それから、よい仕事をして、教団を大きくすること。真理企業《しんりきぎょう》に入ったら、大黒天《だいこくてん》（教団を経済的に支える人）になれるように、社長を鼓舞《こぶ》しつつ、一生懸命《いっしょうけんめい》働いて、参謀《さんぼう》としても、あるいは実働部隊としても頑張《がんば》って、やっていくこと。そして、道を拓《ひら》いていくことが大事だと思います。

自分で会社を起こす方もいると思います。それもたいへん難しいことです。小さくとも、かたちがあるところに入ったほうが、会社を大きくするのは楽《らく》は楽です。それを一代で大きくすることは可能なので、「就職できる」というのは素晴《すば》らしいことだと思います。

大学院部門（アドバンスト・コース）に行かれる方には十分なアドバイスはできないのですが、「道なき道を開拓《かいたく》せよ」と言うしかありません。特許を取ったり、新しい技術を開発したりして、会社をつくるなり何なりし、頑張って雇用《こよう》を生んでください。そう思います。

必ずや未来は明るいものとなる

未来は無限です。

しかし、道は、先は見えていません。でも、そのなかを歩んでください。

私も、青年期には、分からないことが多かったし、迷ったことも多かったし、悩《なや》んだことはたくさんありました。四十年ほど前に読んだ本には、そのころに自分が悩んでいることを書き出したりしてあります。

しかし、四十年ぐらいたってみると、今、そんなものは何もありません。悩んだものは、解決しているか、解決していなくても、私にはほとんど関係がないことでした。

ですから、それはすべて過ぎ去っていくものです。

耐《た》えて耐えて耐え抜《ぬ》いて、道を拓いてください。

必ずや未来は明るいものとなると思います。

後輩の人たちのためにも、ぜひとも道を拓いてください。

よろしくお願いします。

あとがき

日本では不思議な仕事をする所がたくさんある。

ある役所では、十万坪の土地に、約二百億円の費用をかけて大学を建てていいと「内諾《ないだく》」して、その通りにゼネコンを使って大学を建て終わり、学生寮、食堂、教職員寮も整備し、教員を採用してから、認可制なので、形式通り、文書で設置申請すると、不認可とするのである。

その理由が、「大学設置審議会」なるものの構成メンバーの住所が分からないので、大学の教育内容を理解するのに役立つ当会の書籍《しょせき》を、広報局がまとめて、役所に送ったのが、不正行為につながる「不適切な行為」にあたるというのである。また母体の宗教法人が「霊言集《れいげんしゅう》」を出しているのが、科学的、学問的でないというのである。許可制ではなく、認可制であるのは、申請書の書類審査《しんさ》上、欠けたる所がなければ自動的に設置認可となることが法律解釈上の通例である。その役所は、憲法上の「学問の自由」に留保《りゅうほ》条件がなく、「政教分離《ぶんり》規定」を勝手に破って、憲法上に存在根拠《そんざいこんきょ》すらない、「大学設置審議会」の意見として、門前《もんぜん》払《ばら》いしたのである。

献本が違法行為になるという法令は存在しないし、イスラム教や、キリスト教、ユダヤ教などに、「霊言」を認めている宗教がある、というか、イスラム教の「コーラン」は全篇アラーの神の霊言でできていることすら知らない人が、学問の審査をやっているというのは驚きであった。また審議会の長をやっていた某《ぼう》キリスト教系の私大学長は、学問的業績も見当たらないのに、中国政府から、たくさんの「名誉」がつく称号をもらっていた。中国系のスパイ疑惑すらあった。

当会では、役所に対して、行政訴訟も二百億円を超《こ》える民事訴訟も可能であったが、経済的にもインディペンデントであったので、そのまま開学した。学生は集まり、卒業生は、ほとんど四大扱《あつか》いで就職した。「道なき道を歩む」とは言葉では言えても、実践《じっせん》することはたいへんな困難を伴《ともな》うことだ。

私の判断を信じて、自分の青春を真の学問に打ち込《こ》み、見事に巣立っていった学生たち、教授陣の皆様、支援して下さった何百社もの企業《きぎょう》の関係者に、心からの感謝を捧げる。

そして今後の教育行政が神仏に祝福されるものとなることを切に願う。

二〇一九年　十一月一日

幸福《こうふく》の科学《かがく》グループ創始者兼総裁《そうししゃけんそうさい》　大川隆法《おおかわりゅうほう》

『道なき道を歩め』関連書籍

『心と体のほんとうの関係。』（大川隆法 著　幸福の科学出版刊）

『超・絶対健康法』（同右）

『帝王学の築き方』（同右）

『人格力』（同右）

『大人になるということ』（同右）

『未知なるものへの挑戦』（大川隆法 著　ＨＳＵ出版会刊）

『光り輝く人となるためには』（同右）

道《みち》なき道《みち》を歩《あゆ》め──未来へ貢献する心──

2019年11月19日　初版第1刷

著　者　　大《おお》　川《かわ》　隆《りゅう》　法《ほう》

発　行　　HSU出版会

〒299-4325　千葉県長生郡長生村一松丙 4427-1
TEL(0475)32-7807

発　売　　幸福の科学出版株式会社

〒107-0052　東京都港区赤坂2丁目10番8号
TEL(03)5573-7700
https://www.irhpress.co.jp/

印刷・製本　株式会社 堀内印刷所

落丁・乱丁本はおとりかえいたします

ISBN978-4-8233-0126-1　C0037

大川隆法 ベストセラーズ・ＨＳＵの目指すもの

未知なるものへの挑戦

新しい最高学府
「ハッピー・サイエンス・ユニバーシティ」
とは何か

秀才は天才に、天才は偉人に──。2015年に開学したＨＳＵの革新性と無限の可能性を創立者が語る。日本から始まる教育革命の本流がここにある。【HSU 出版会刊】

1,500 円

光り輝く人となるためには

クリエイティブでプロダクティブな
人材を目指して

真の学問には「真」「善」「美」がなくてはならない──。芸能と政治のコラボなど、創造性・生産性の高い人材を養成するHSUの圧倒的な教育力とは?【HSU 出版会刊】

1,500 円

幸福の科学大学
創立者の精神を学ぶ
Ⅰ・Ⅱ（概論）

いま、教育界に必要な「戦後レジームからの脱却」とは何か。新文明の創造を目指す創立者みずからが「建学の精神」を語る。

各1,500円

新しき大学の理念

「幸福の科学大学」がめざす
ニュー・フロンティア

幸福の科学がめざす、日本の大学教育に新風を吹き込む「新時代の教育理念」とは? 創立者・大川隆法が、そのビジョンを語る。

1,400 円

※表示価格は本体価格（税別）です。

Welcome to Happy Science!
幸福の科学グループ紹介

「一人ひとりを幸福にし、世界を明るく照らしたい」——。その理想を目指し、幸福の科学グループは宗教を根本《こんぽん》にしながら、幅広い分野で活動を続けています。

宗教活動

幸福の科学【happy-science.jp】

- 支部活動【map.happy-science.jp（支部・精舎へのアクセス）】
- 精舎（研修施設）での研修・祈願【shoja-irh.jp】
- 学生部【03-5457-1773】
- 青年部【03-6277-3176】
- 百歳まで生きる会（シニア層対象）
- シニア・プラン21（生涯現役人生の実現）【03-6384-0778】
- 幸福結婚相談所【happy-science.jp/activities/group/happy-wedding】
- 来世幸福園（霊園）

来世幸福セレモニー株式会社【03-6384-3769】

いま、目の前にある奇跡。
3000
大川隆法説法
3000回突破記念

社会貢献

ヘレンの会（障害者の活動支援）【helen-hs.net】

自殺防止活動【withyou-hs.net】

一般財団法人
「いじめから子供を守ろうネットワーク」【03-5544-8989】

「リバースの会」（犯罪更生者支援）

国際事業

Happy Science 海外法人
【happy-science.org（英語版）】【hans.happy-science.org（中国語簡体字版）】

教育事業

学校法人 幸福の科学学園

- 中学校・高等学校（那須本校）【happy-science.ac.jp】
- 関西中学校・高等学校（関西校）【kansai.happy-science.ac.jp】

宗教教育機関ほか

- 仏法真理塾「サクセスNo.1」（信仰教育と学業修行）【03-5750-0751】
- エンゼルプランV（未就学児信仰教育）【03-5750-0757】
- ネバー・マインド（不登校児支援）【hs-nevermind.org】
- 一般社団法人
  ユー・アー・エンゼル！運動（障害児支援）【you-are-angel.org】

高等宗教研究機関

- ハッピー・サイエンス・ユニバーシティ（HSU）
  【happy-science.university】

政治活動

幸福実現党【hr-party.jp】
- <機関紙>「幸福実現NEWS」
- <出版> 書籍・DVDなどの発刊

HS 政経塾【hs-seikei.happy-science.jp】

出版事業

幸福の科学の内部向け経典の発刊

幸福の科学の月刊小冊子【info.happy-science.jp/magazine】

幸福の科学出版株式会社【irhpress.co.jp】
- 書籍・CD・DVD・BDなどの発刊
- <映画>「世界から希望が消えたなら。」【sekai-kibou.jp】など
- <オピニオン誌>「ザ・リバティ」【the-liberty.com】
- <女性誌>「アー・ユー・ハッピー?」【are-you-happy.com】
- <書店> ブックスフューチャー【booksfuture.com】
- <広告代理店> 株式会社メディア・フューチャー

メディア関連事業

メディア文化事業
- <ネット番組>「THE FACT」【youtube.com/user/theFACTtvChannel】
- <ラジオ>「天使のモーニングコール」【tenshi-call.com】

スター養成部（芸能人材の育成）【03-5793-1773】

ニュースター・プロダクション株式会社【newstarpro.co.jp】

ARI Production 株式会社【aripro.co.jp】

入会のご案内

幸福の科学では、大川隆法総裁が説く仏法真理《ぶっぽうしんり》をもとに、「どうすれば幸福になれるのか、また、他の人を幸福にできるのか」を学び、実践しています。

入会

仏法真理を学んでみたい方へ

ネットで入会

大川隆法総裁の教えを信じ、学ぼうとする方なら、どなたでも入会できます。入会された方には、『入会版「正心法語《しょうしんほうご》」』が授与されます。

三帰《さんき》誓願《せいがん》

信仰をさらに深めたい方へ

仏弟子としてさらに信仰を深めたい方は、仏《ぶっ》・法《ぽう》・僧《そう》の三宝《さんぼう》への帰依を誓う「三帰誓願式」を受けることができます。三帰誓願者には、『仏説・正心法語』『祈願文《きがんもん》①』『祈願文②』『エル・カンターレへの祈り』が授与されます。

幸福の科学 サービスセンター
TEL 03-5793-1727
（受付時間／火～金：10～20時
土・日祝：10～18時
（月曜を除く））

幸福の科学 公式サイト
happy-science.jp

学部のご案内

人間幸福学部

人間学を学び、新時代を切り拓くリーダーとなる

人間の本質と真実の幸福について深く探究し、
高い語学力や国際教養を身につけ、人類の幸福に貢献する
新時代のリーダーを目指します。

※2019年４月より国際人養成短期課程を新設しています。（２年制）

経営成功学部

企業や国家の繁栄を実現する、起業家精神あふれる人材となる

企業と社会を繁栄に導くビジネスリーダー・真理経営者や、
国家と世界の発展に貢献する
起業家精神あふれる人材を輩出します。

未来産業学部

新文明の源流を創造するチャレンジャーとなる

未来産業の基礎となる理系科目を幅広く修得し、
新たな産業を起こす創造力と起業家精神を磨き、
未来文明の源流を開拓します。

※２年制の短期特進課程も並設しています。

未来創造学部

時代を変え、未来を創る主役となる

政治家やジャーナリスト、ライター、俳優・タレントなどのスター、
映画監督・脚本家などのクリエーターを目指し、国家や世界の発展、
幸福化に貢献できるマクロ的影響力を持った徳ある人材を育てます。

※キャンパスは東京都江東区（東西線東陽町駅近く）の「HSU未来創造・東京キャンパス」がメインとなります（４年制の１年次は千葉です）。
※２年制の短期特進課程も並設しています。

幸福の科学学園
中学校・高等学校（那須本校）

幸福の科学学園（那須本校）は、幸福の科学の教育理念のもとにつくられた、男女共学、全寮制の中学校・高等学校です。自由闊達な校風のもと、「高度な知性」と「徳育」を融合させ、社会に貢献するリーダーの養成を目指しています。

〒329-3434
栃木県那須郡那須町梁瀬 487-1
TEL.0287-75-7777
FAX.0287-75-7779
[公式サイト]
happy-science.ac.jp
[お問い合わせ]
info-js@happy-science.ac.jp

幸福の科学学園
関西中学校・高等学校（関西校）

美しい琵琶湖の西岸に建つ幸福の科学学園（関西校）は、男女共学、通学も入寮も可能な中学校・高等学校です。発展・繁栄を校風とし、宗教教育や企業家教育を通して、学力と企業家精神、徳力を備えた、未来の世界に責任を持つ「世界のリーダー」を輩出することを目指しています。

〒520-0248
滋賀県大津市仰木の里東2-16-1
TEL.077-573-7774
FAX.077-573-7775
[公式サイト]
kansai.happy-science.ac.jp
[お問い合わせ]
info-kansai@happy-science.ac.jp

「エンゼルプランV」

信仰に基づいて、幼児の心を豊かに育む情操教育を行っています。また、知育や創造活動を通して、ひとりひとりの子どもの個性を大切に伸ばします。お母さんたちの心の交流の場ともなっています。

TEL 03-5750-0757
FAX 03-5750-0767
メール angel-plan-v@kofuku-no-kagaku.or.jp

仏法真理塾 「サクセスNo.1」

全国に本校・拠点・支部校を展開する、幸福の科学による信仰教育の機関です。小学生・中学生・高校生を対象に、信仰教育・徳育にウエイトを置きつつ、将来、社会人として活躍するための学力養成にも力を注いでいます。

【東京本校】
TEL 03-5750-0751
FAX 03-5750-0752
メール info@success.irh.jp

「ユー・アー・エンゼル！（あなたは天使！）運動」

障害児の不安や悩みに取り組み、ご両親を励まし、勇気づける、障害児支援のボランティア運動です。学生や経験豊富なボランティアを中心に、全国各地で、集いや各種イベントを行っています。保護者向けには、交流会や、講演・セミナー・子育て相談を行っています。

一般社団法人 ユー・アー・エンゼル
TEL 03-6426-7797
FAX 03-5750-0734
メール you.are.angel.japan@gmail.com

不登校児支援スクール 「ネバー・マインド」

幸福の科学グループの不登校児支援スクールです。「信仰教育」と「学業修行」を柱に、合宿をはじめとするさまざまなプログラムで、再登校へのチャレンジと、生活リズムの改善、心の通う仲間づくりを応援します。

TEL 03-5750-1741
FAX 03-5750-0734
メール nevermind@happy-science.org

大川隆法　講演会のご案内

大川隆法総裁の講演会が全国各地で開催されています。講演のなかでは、毎回、「世界教師」としての立場から、幸福な人生を生きるための心の教えをはじめ、世界各地で起きている宗教対立、紛争、国際政治や経済といった時事問題に対する指針など、日本と世界がさらなる繁栄の未来を実現するための道筋が示されています。

2019年5月14日 幕張メッセ「自由・民主・信仰の世界」

019年10月6日 ザ ウェスティン ハーバーキャッスル トロント(カナダ)「The Reason We Are Here」

2019年7月5日 福岡国際センター「人生に自信を持て」

019年3月3日 グランド ハイアット 台北(台湾)「愛は憎しみを超えて」

2019年7月13日 ホテル イースト21 東京「幸福への論点」

講演会には、どなたでもご参加いただけます。
最新の講演会の開催情報はこちらへ。 ⟹ 大川隆法総裁公式サイト https://ryuho-okawa.org